ÉLÉMENTS

DE LA

GRAMMAIRE FRANÇAISE

PAR LHOMOND

Ouvrage approuvé et recommandé

PAR LE CONSEIL IMPÉRIAL DE L'INSTRUCTION PUBLIQUE

NOUVELLE ÉDITION

Revue et Améliorée

PAR A. GRESSE

Professeur au Collége de Valence.

On prendra pour base de l'enseignement de la langue française, la *Grammaire de Lhomond.*

Cet enseignement sera simple, beaucoup plus pratique que théorique, et consistera plus en exercices et en exemples, qu'en règles et en préceptes.

Décision du Conseil Imp. de l'Inst. publ.

PARIS

LIBRAIRIE DE L. HACHETTE ET Cᵉ

RUE PIERRE-SARRAZIN, 14.

VALENCE

CHEZ L'ÉDITEUR, RUE CARTELET, 11.

Avis.

La forme de cet ouvrage étant ma propriété, je poursuivrai comme contrefacteurs ceux qui chercheraient à la reproduire ou à l'imiter.

OUVRAGES POUR LES ÉCOLES PRIMAIRES.

Méthode de Lecture, ou l'Art d'apprendre à lire en peu de temps, par A. GRESSE, ancien instituteur, professeur au collége de Valence ; un grand tableau double-raisin, prix : . . . . 1 franc.

Manuel pour l'Élève, 2e édition, revue et augmentée, prix : . . . . 15 cent.

Premières Notions de Géométrie et d'Arpentage, précédées d'un exposé succinct du système métrique, *par le même*; br. in-18, avec une planche; prix : 15 cent.

Petite Arithmétique pratique et raisonnée ; contenant les quatre opérations sur les nombres entiers, les nombres décimaux et les nouvelles mesures; les règles de trois, d'intérêt, de société, etc., et plus de 700 problèmes et exercices; *par le même*.. 1 vol. in-12; prix, cart. : . . . . 75 cent.

Le même ouvrage, avec les réponses des exercices et des problèmes; prix, cart. : . . . . 1 franc.

Grammaire française méthodique, ouvrage réunissant, au moyen d'une nouvelle disposition typographique, tous les avantages d'un texte suivi et d'une rédaction par demandes et réponses, et contenant de nombreux exercices d'orthographe, d'analyse, de syntaxe et de ponctuation; *par le même*. 1 vol. in-12; prix, cart. : 1 fr.

VALENCE , IMPR. DE CHALÉAT.

AVIS DE L'ÉDITEUR.

Il suffit de jeter les yeux sur cette nouvelle édition pour se convaincre qu'elle est supérieure, à bien des égards, à toutes celles qui ont été publiées jusqu'à ce jour.

Les principaux avantages qu'elle présente sont :

1° L'heureuse disposition typographique que nous avons adoptée, et au moyen de laquelle les demandes se trouvent dans une colonne séparée, en regard des réponses, et non intercalées dans les pages, où elles fatiguent les élèves intelligents, ni reléguées à la fin des chapitres, où elles sont à peu près inutiles.

2° La place et le choix des exercices, disposés au bas des pages et non dans le texte, dont ils gênent l'exposition, ni imprimés dans un volume à part, ce qui occasionne une nouvelle dépense, et qui offrent, à la fois, une application de la leçon récitée, une dictée d'orthographe et, presque toujours, un enseignement moral ou instructif.

3° Les modifications introduites dans l'ouvrage primitif dans le but de le mettre à la hauteur de la science grammaticale actuelle, ou de rectifier certains principes d'une rigueur trop absolue.

4° Enfin les notions d'Analyse grammaticale et les Exercices supplémentaires, qui complètent le rudiment, et en font un ouvrage suffisant pour les écoles primaires.

Nous avons numéroté toutes les questions, afin de fournir un moyen de s'assurer des progrès des élèves, et de les obliger à repasser leurs leçons. A la fin de chaque semaine, ou de chaque mois, on prend des jetons portant les numéros des questions qu'on veut leur adresser. Ces jetons sont tirés au sort par les élèves, qui doivent répondre aux questions dont les numéros leur sont échus. Celui qui répond le mieux est le premier, et peut recevoir une récompense.

Nous espérons que ces diverses améliorations seront favorablement accueillies de MM. les Instituteurs, et qu'elles contribueront à rendre plus facile et plus fructueux l'accomplissement de leur noble, mais pénible mission.

PRÉFACE DE LHOMOND.

C'est par la langue maternelle que doivent commencer les études, dit Rollin. Les enfants comprennent plus aisément les principes de la grammaire, quand ils les voient appliqués à une langue qu'ils entendent déjà, et cette connaissance leur sert comme d'introduction aux langues anciennes qu'on veut leur enseigner. Nous avons de bonnes grammaires françaises; mais je doute que l'on puisse porter un jugement aussi favorable des abrégés qui ont été faits pour les commençants. Les premiers élémens ne sauraient être trop simplifiés. Quand on parle à des enfants, il y a une mesure de connaissances à laquelle on doit se borner, parce qu'ils ne sont pas capables d'en recevoir davantage. Il est surtout important de ne pas leur présenter plusieurs objets à la fois; il faut, pour ainsi dire, faire entrer dans leur esprit les idées une à une, comme on introduit une liqueur goutte à goutte dans un vase dont l'embouchure est étroite : si vous en versez trop en même temps, la liqueur se répand, et rien n'entre dans le vase. Il y a aussi un ordre à garder : cet ordre consiste principalement à ne pas supposer des choses que vous n'avez pas encore dites, et à commencer par les connaissances qui ne dépendent point de celles qui suivent. Enfin il y a une manière de s'énoncer accommodée à leur faiblesse : ce n'est point par des définitions abstraites qu'on leur fera connaître les objets dont on leur parle, mais par des caractères sensibles, et qui les rendent faciles à distinguer (1).

On sent que, pour exécuter ce plan, il faut connaître les enfants. Appliqué pendant vingt années aux fonctions de l'instruction publique, j'ai été à portée de les observer de près, de mesurer leurs forces, de sentir ce qui leur convient : c'est cette connaissance, que l'expérience seule peut donner, qui m'a déterminé à composer des livres élémentaires. Puisse l'exécution remplir l'unique but que je me propose, celui d'être utile, et d'épargner à cet âge aimable une partie des larmes que les premières études font couler !

(1) Une définition présente une idée générale qui suppose des idées particulières ; et l'enfant, n'ayant pas encore acquis ces idées particulières, ne peut entendre la définition.

ÉLÉMENTS

DE LA GRAMMAIRE FRANÇAISE

INTRODUCTION.

1. Qu'est-ce que la Grammaire ?
La Grammaire est l'art de parler et d'écrire correctement.

2. Qu'emploie-t-on pour parler et pour écrire ?
Pour parler et pour écrire, on emploie des mots.

3. De quoi sont composés les mots ?
Les mots sont composés de lettres.

4. Combien y a-t-il de sortes de lettres ?
Il y a deux sortes de lettres, les *voyelles* et les *consonnes*.

5. Quelles sont les voyelles ?
Les voyelles sont : *a, e, i, o, u* et *y*.

6. Pourquoi les appelle-t-on *voyelles* ?
On les appelle *voyelles*, parce que, seules, elles forment une *voix*, un son.

7. Quelles sont les consonnes ?
Les consonnes sont : *b, c, d, f, g, h, j, k, l, m, n, p, q, r, s, t, v, x* et *z*.

8. Pourquoi les appelle-t-on *consonnes* ?
On les appelle *consonnes*, parce qu'elles ne forment un son qu'avec le secours des voyelles, comme dans *ba, be, bi, bo, bu; ca, ce, ci, co, cu; da, de, di, do, du;* etc.

1ᵉʳ EXERCICE. *Distinguez les voyelles et les consonnes, en disant :*

A est une voyelle, parce que, seule, elle forme une *voix*, un son; *N* est une consonne, parce que, etc.

Anatole étudie avec le plus grand soin; il ne se borne pas à apprendre les mots par cœur, mais il cherche surtout à en comprendre le sens et à retenir les idées. Lorsqu'il sait sa leçon, il se fait lui-même les demandes, et y répond sans voir le livre. Aussi ses progrès sont-ils très-satisfaisants, il a toujours les meilleures places dans les compositions, son maître le cite comme un modèle, et ses parents sont heureux des succès qu'il obtient. Quelle plus douce satisfaction pourrait-il éprouver!

AVIS. Pour exercer les élèves à l'orthographe, on leur dictera chaque jour l'exercice correspondant à la leçon, après le leur avoir fait copier ou lire au moins

9. Combien y a-t-il de sortes d'e?

Il y a trois sortes d'e : l'*e muet*, l'*e fermé*, l'*e ouvert*.

10. Qu'est-ce que l'*e muet*?

L'*e muet* est celui dont le son est sourd et peu sensible, comme à la fin des mots *homme, monde,* et quelquefois nul, comme dans *je prie, je paierai.*

11. Qu'est-ce que l'*e fermé*?

L'*e fermé* est celui qui se prononce la bouche presque fermée, comme à la fin des mots *bonté, café.*

12. Qu'est-ce que l'*e ouvert*?

L'*e ouvert* est celui qu'on prononce en appuyant dessus et desserrant les dents, comme dans *procès, accès, succès.*

13. Quand l'*y* grec s'emploie-t-il pour deux *i*?

L'*y grec* s'emploie pour deux *i* dans le corps d'un mot après une voyelle : *pays, moyen, joyeux* : prononcez *pai-is, moi-ien, joi-ieux.*

14. Quand la lettre *h* est-elle muette?

La lettre *h* est *muette* quand elle ne se prononce pas : *l'homme, l'honneur, l'histoire,* qu'on prononce comme s'il y avait *l'omme, l'onneur, l'istoire.*

15. Quand est-elle *aspirée*?

Elle est *aspirée* lorsqu'elle fait prononcer du gosier la voyelle qui suit, comme dans *la haine,* et non pas *l'haine, les héros,* et non pas *les zhéros.*

2me EXERCICE. *Distinguez les trois sortes d'*E, *l'*Y *grec employé pour un i ou pour deux i, l'*H *muette et l'*H *aspirée, en disant :*

L'E de *Léon* est fermé, parce qu'il se prononce la bouche presque fermée; etc.

Léon n'a pas encore étudié la grammaire, et cependant il connaît l'orthographe d'un grand nombre de mots; c'est qu'il lit toujours avec attention, et qu'il remarque comment les mots sont écrits. Aussi *progrès, royaume, style, fermeté, crayon, charrette, symétrie* ne l'embarrassent pas le moins du monde, non plus que *syntaxe, moyen, joyau, phénomène, sylphide, nouveauté.* Il sait écrire également *le hameau, l'histoire, l'honnête homme, les hannetons, le hasard, la houlette,* et même des mots plus difficiles, tels que *paiement, mitoyen, hygiénique, hameçon, hypocrisie, imprévoyance, hypothécaire.*

---

une fois la veille. Si cet exercice était trop long, on n'en prendrait qu'une partie, afin de se réserver le temps nécessaire pour corriger convenablement. Toute dictée corrigée devra être recopiée pour le lendemain.

16. Qu'est - ce que les voyelles *longues ?*	Les voyelles *longues* sont celles sur lesquelles on appuie plus longtemps que sur les autres en les prononçant, comme dans *pâte, fête, gîte, côte, flûte.*
17. Qu'est - ce que les voyelles *brèves ?*	Les voyelles *brèves* sont celles sur lesquelles on appuie moins longtemps , comme dans *patte, nette, petite, sotte, lutte.*
18. Qu'est -- ce que les *accents ?*	Les *accents* sont des signes qu'on emploie pour marquer les différentes sortes d'*e* et les voyelles longues.
19. Combien y a-t-il d'accents ?,	Il y a trois accents : l'*accent aigu* (´) qui se met sur les *e* fermés, *bonté*; l'*accent grave* (`) qui se met sur les *e* ouverts, *accès*; et l'*accent circonflexe* (^) qui se met sur la plupart des voyelles longues, *apôtre.*
20. Qu'appelle-t-on *syllabe ?*	On appelle *syllabe* une ou plusieurs lettres qui forment un son.
21. Qu'est - ce qu'un *monosyl-labe ?*	Un *monosyllabe* est un mot d'une syllabe, comme *bras, cou, pied.*
22. Qu'est - ce qu'un *polysyl-labe?*	Un *polysyllabe* est un mot de plusieurs syllabes : *table, volonté, habitude* sont des polysyllabes.
23. Combien y a-t -il d'espèces de mots ?	La langue française se compose de dix espèces de mots qu'on appelle *les parties du discours.*
24. Quels sont ces mots ?	Ces mots sont : le *Nom*, l'*Article*, l'*Adjectif*, le *Pronom*, le *Verbe* , le *Participe*, l'*Adverbe*, la *Préposition* , la *Conjonction* , et l'*Interjection.*

3ᵐᵉ EXERCICE. *Distinguez les accents, en disant :*

Il y a un accent aigu sur l'*e* de *Léopold*, parce que cet *e* est fermé; etc.

Léopold est aussi un bon élève. Quand il étudie, il s'arrête après chaque alinéa, y réfléchit un instant, et, s'il ne comprend pas, il demande au maître une explication, qui ne lui est jamais refusée. Il cherche de lui-même des exemples, et il en trouve. Voici des mots où l'on remarque des accents, et que je copie sur son cahier : *sévère, apôtre, côté, déjà, arrêté, prophète, vérité, tête, bâtiment, sincère, pâté, brûlant, général, modèle, église, bonté, mâture , vanité, pêle-mêle, remède , aumône, précaution, béatitude, problème, révélation, vénérable, générosité, caractère, fenêtre, châtelain, témoignage, atmosphère.*

CHAPITRE PREMIER.

Première espèce de mots.

LE NOM.

25. Qu'est -- ce que le *nom* ?

Le *Nom* est un mot qui sert à nommer une personne ou une chose, comme *Pierre, Paul, livre, chapeau.*

26. Combien y a-t-il de sortes de noms ?

Il y a deux sortes de noms, le *nom commun* et le *nom propre.*

27. Qu'est -- ce que le *nom commun* ?

Le *nom commun* est celui qui convient à toutes les personnes et à toutes les choses semblables : *homme, cheval, maison* sont des noms communs, car le nom *homme* convient à tous les hommes, etc.

28. Qu'est -- ce le *nom propre* ?

Le *nom propre* est celui qui ne convient pas à toutes les personnes et à toutes les choses semblables, comme *Adam, Ève, Paris, la Seine,* etc.

29. Quelle est la 1re lettre des noms propres ?

La première lettre des *noms propres* est toujours une majuscule.

30. Qu'est - ce qu'un *nom composé* ?

Un *nom composé* est celui qui est formé de plusieurs mots ordinairement unis par des traits d'union, comme *chef-lieu, arc-en-ciel, ver à soie.*

4me EXERCICE. *Distinguez les noms, en disant :*

Auguste est un nom, parce qu'il sert à nommer une personne; c'est un nom propre, parce qu'il ne convient pas à toutes les personnes; etc.

Quoique Auguste n'ait que huit ans, il possède déjà une foule de notions sur toutes choses. Il sait que Christophe Colomb découvrit l'Amérique en 1492, que nous devons l'imprimerie à Jean Guttemberg de Mayence, que la poudre à canon, inconnue des Européens avant le 14e siècle, était employée par les Chinois depuis un temps immémorial. Indépendamment de l'histoire sainte, qu'il sait par cœur, il a un peu étudié la géographie et l'histoire de France. Si vous lui demandiez les noms des fleuves qui arrosent notre pays, il vous répondrait immédiatement : La Seine, la Loire, la Garonne, le Rhône et le Rhin; de même qu'il vous citerait parmi nos grands rois : Clovis, Charlemagne, Philippe-Auguste, François 1er, Henri IV, Louis XIV et Napoléon.

31. Que faut-il considérer dans les noms ?	Dans les noms, il faut considérer le *genre* et le *nombre*.
32. Combien y a-t-il de *genres* ?	Il y en français deux genres, le *masculin* et le *féminin*.
33. Quels sont les noms qui sont du *genre masculin* ?	Les noms d'hommes ou de mâles sont du *genre masculin*, comme *un père, un lion*.
34. Quels sont ceux qui sont du *genre féminin* ?	Les noms de femmes ou de femelles sont du *genre féminin*, comme *une mère, une lionne*.
35. Quel genre a-t-on donné aux choses qui ne sont ni mâles ni femelles ?	Ensuite, par imitation, on a donné le genre masculin ou le genre féminin à des choses qui ne sont ni mâles ni femelles, comme *un livre*, *une table, le soleil, la lune,* etc.
36. Combien y a-t-il de *nombres* ?	Il y a deux *nombres*, le *singulier* et le *pluriel*.
37. Que désigne le *singulier* ?	Le *singulier* désigne une seule personne ou une seule chose, comme *un homme, un livre*.
38. Que désigne le *pluriel* ?	Le *pluriel* désigne plusieurs personnes ou plusieurs choses, comme les *hommes*, les *livres*.
39. Citez des noms qui ne s'emploient qu'au singulier.	Il y a des noms qui ne s'emploient qu'au singulier, comme *la faim, la soif, le bonheur, la justice,* etc.
40. Citez-en qui ne s'emploient qu'au pluriel.	Il y en a d'autres qui ne s'emploient qu'au pluriel, comme *pleurs, funérailles, mœurs, ténèbres,* etc.

5ᵐᵉ **EXERCICE.** *Distinguez le genre et le nombre des noms, en disant :*

Enfants est du masculin, parce qu'il désigne des êtres mâles; il est du pluriel, parce qu'il désigne plusieurs personnes; etc.

Les enfants de la campagne savent les noms des animaux domestiques, des oiseaux de basse-cour et des plantes potagères. Ils connaissent le cheval, l'âne, le bœuf, la vache, le mouton, la brebis, les chiens, les chats, le coq, les poules, leurs poussins, les oies, les canards. Ils ne confondent pas, non plus, les épinards, le persil, la laitue, la chicorée, les betteraves et les choux-fleurs. Le blé, le seigle, l'orge, l'avoine, les pois et les lentilles, leur sont aussi familiers que le pommier, le poirier, les cerisiers, les figuiers et les amandiers.

Analysez les noms des deux derniers exercices d'après le modèle n° 1.

Formation du pluriel dans les Noms.

RÈGLE GÉNÉRALE.

41. Comment forme-t-on le pluriel des noms ?

On forme le pluriel des noms en ajoutant la lettre *s* à la fin : le *frère*, les *frères* ; la *sœur*, les *sœurs*.

Exceptions.

42. Quels sont ceux qui ne changent pas ?

1° Les noms terminés au singulier par *s*, *x*, *z*, ne changent pas au pluriel : le *fils*, les *fils*; le *nez*, les *nez* ; la *voix*, les *voix*.

43. Quel est le pluriel des noms en *au* et en *eu* ?

2° Les noms terminés au singulier par *au* ou par *eu* prennent *x* au pluriel : le *bateau*, les *bateaux*; le *feu*, les *feux*.

44. Que remarquez-vous sur ceux en *ou* ?

Les noms en *ou* prennent un *s* : un *clou*, des *clous*; excepté *bijou, caillou, chou, genou, hibou, joujou* et *pou*, qui prennent un *x* : un *bijou*, des *bijoux*; etc.

45. Quel est le pluriel des noms terminés par *al* ?

3° Les noms terminés au singulier par *al* font leur pluriel en *aux* : le *mal*, les *maux*; le *cheval*, les *chevaux*. Excepté *bal, carnaval, régal*, qui prennent un *s* : un *bal*, des *bals* ; un *régal*, des *régals*.

46. Comment font ceux en *ail* ?

Les noms terminés par *ail* prennent un *s* : un *détail*, des *détails*; un *portail*, des *portails*. Mais *bail, corail, émail, soupirail, travail* font *baux, coraux*, etc.

47. Quel est le pluriel de *aïeul, ciel, œil* ?

4° *Aïeul, ciel, œil* font au pluriel *aïeux, cieux, yeux*.

6ᵉ EXERCICE. *Devoir à transcrire au pluriel.*

Mon livre, ton habit, sa plume, une table, le château, son crayon, le boulanger, un cheveu, le jardin, mon travail, le trou, ton journal, un matelas, son fils, une chaise, un bijou, cet homme, le puits, la noix, le feu, un agneau, le gaz, une perdrix, le fou, le ciseau, le prix, l'arsenal, la fenêtre, mon neveu, un caillou, un clou, du raisin, le chapeau du cardinal, le licou du cheval, le cadre du tableau, le jeu de l'élève, la splendeur du ciel, la croix du général, le tapis du salon, le berceau de l'enfant, le soupirail de la cave, l'œil du maître, le talent de mon aïeul, le verrou de la prison, le portail de la maison, le fourneau de l'hôpital, le cadenas de ma malle, le greffier du tribunal, le gouvernail du navire.

CHAPITRE II.

Seconde espèce de mots.

L'ARTICLE.

48. Qu'est-ce que l'article ?

L'*Article* est un petit mot que l'on met devant les noms communs, et qui en fait connaître le genre et le nombre.

49. Combien avons-nous d'articles ?

Nous n'avons qu'un article, *le*, *la*, au singulier; *les*, au pluriel.

50. Où se met *le* ?

Le se met devant un nom masculin singulier : *le père, le livre.*

51. Où se place *la* ?

La se met devant un nom féminin singulier : *la mère, la plume.*

52. Où met-on *les* ?

Les se met devant tous les noms pluriels, soit masculins, soit féminins : *les mères, les pères.*

53. A quoi reconnaît-on qu'un nom est du genre masculin ?

Ainsi l'on connaît qu'un nom est du genre masculin, quand on peut mettre *le* devant ce nom : *casque, chapeau* sont du genre masculin, car on dit *le casque, le chapeau.*

54. A quoi reconnaît-on qu'il est du genre féminin ?

On connaît qu'un nom est du genre féminin, quand on peut mettre *la* : *chaise, table* sont du genre féminin, car on dit *la chaise, la table.*

7me **EXERCICE.** *Distinguez les articles, en disant :*

Le est un article, parce qu'il fait connaître le genre et le nombre de *monde.*

Dieu a créé le monde en six jours ; il a fait le soleil, la lune, les étoiles, le ciel et la terre, les animaux et les plantes, en un mot, tout ce qui existe. A sa voix, les arbres se couvrent de feuillage, les prairies s'émaillent de fleurs, le ruisseau coule avec un doux murmure, la vie et le mouvement se répandent dans la nature entière. Dieu pourvoit à tous nos besoins : il nous donne la nourriture et le vêtement, le repos après le travail, la joie du succès, le bonheur de l'espérance, la résignation dans le malheur, la satisfaction de la conscience et les véritables richesses de l'Éternité. Nous devons donc l'aimer, lui obéir, et lui rendre grâce chaque jour de ses innombrables bienfaits.

Analysez les articles d'après le modèle n° 2.

55. Que remarquez-vous sur l'article ?	Il y a deux remarques à faire sur l'article.
56. Quand retranche-t-on *e* dans *le*, et *a* dans *la ?*	1° On retranche *e* dans *le*, et *a* dans *la*, quand le mot suivant commence par une voyelle ou une *h* muette : *l'argent*, pour *le argent* ; *l'histoire*, pour *la histoire*.
57. Que met-on à la place de la lettre retranchée ?	Mais alors on met à la place de la lettre retranchée cette petite figure ('), qu'on appelle *apostrophe*.
58. Comment joint-on un nom à un mot précédent ?	2° Pour joindre un nom à un mot précédent, on met *de* ou *à* devant ce nom : *fruit de l'arbre, utile à l'homme*.
59. Que met-on, au lieu de *de le*, devant un nom masc. sing. commençant par une consonne ?	Au lieu de mettre *de le* devant un nom masculin singulier qui commence par une consonne, on met *du* : *maison du maître*, pour *de le maître*.
60. Au lieu de *à le*, que met-on ?	Au lieu de mettre *à le*, on met *au* : *je plais au maître*, pour *à le maître*.
61. Quand *de les* se change en *des*, et *à les* en *aux ?*	Devant un nom pluriel, *de les* se change en *des*; *à les* se change en *aux* : *maison des maîtres*, pour *de les maîtres* ; *je plais aux maîtres*, pour *à les maîtres*.
62. *De la* et *à la* se changent-ils ?	Au contraire, *de la* et *à la* ne se changent jamais : *de la ville, à la ville*.

8ᵐᵉ **EXERCICE.** *Faites les remarques indiquées ci-dessus, en disant :*

On a mis *l'histoire*, pour *la histoire*, parce que *histoire* commence par une *h* muette; etc.

L'histoire est le récit des évènements passés. Elle raconte la création du monde, la chute de l'homme, l'inondation générale occasionnée par le déluge, la confusion des langues et la dispersion du genre humain sur toute la terre; elle parle de la fondation des empires, des royaumes, des républiques, des colonies lointaines; elle nous fait assister aux migrations des peuples, aux grandes batailles, aux siéges célèbres, au triomphe et à l'infortune des grands capitaines. Elle orne l'esprit, enrichit la mémoire, développe le jugement, et donne à tous, aux monarques comme aux sujets, d'excellentes leçons pour l'avenir.

Analysez les articles d'après le modèle n° 2.

CHAPITRE III.

Troisième espèce de mots.

L'ADJECTIF.

ADJECTIF QUALIFICATIF.

63. Qu'est-ce que l'adjectif qualificatif?

L'*Adjectif qualificatif* est un mot que l'on ajoute au nom pour marquer la qualité d'une personne ou d'une chose, comme dans *bon père, bonne mère, beau livre, belle image.*

64. Comment reconnaît-on qu'un mot est adjectif?

On connaît qu'un mot est adjectif quand on peut y joindre le mot *personne* ou *chose* : ainsi *habile, agréable* sont des adjectifs, parce qu'on peut dire *personne habile, chose agréable.*

65. Les adjectifs ont-ils par eux-mêmes genre et nombre?

Les adjectifs n'ont par eux-mêmes ni genre ni nombre, mais ils se mettent au *masculin* ou au *féminin*, au *singulier* ou au *pluriel*, selon le genre et le nombre du nom auquel ils sont ajoutés.

66. Comment se marque la différence de genre et de nombre?

Cette différence de genre et de nombre se marque ordinairement par la dernière lettre.

9me **EXERCICE.** *Distinguez les adjectifs qualificatifs, en disant :*

Gai est un adjectif qualificatif, parce qu'il marque la qualité d'une personne; etc.

Le Français est gai, poli, spirituel, actif, vaillant, généreux, magnanime; il a l'imagination vive, ardente, parfois frivole et enjouée. La prospérité ne le rend ni fier, ni présomptueux, ni arrogant; il sait supporter de bonne grâce les grands revers et les adversités ordinaires. L'écureuil est un joli petit animal à demi sauvage; il n'est ni carnassier ni nuisible; il est propre, leste, vif, très-alerte, très-éveillé, très-industrieux; il a les yeux pleins de feu, la physionomie fine, le corps nerveux, les membres très-dispos. Une lumière trop vive, un feu trop ardent, un trop grand bruit, une odeur trop forte, un mets insipide ou grossier, nous affectent désagréablement; au lieu qu'une couleur tendre, une chaleur tempérée, un son doux, un parfum délicat, une saveur fine nous flattent délicieusement.

Analysez les adjectifs qualificatifs d'après le modèle n° 3.

Formation du féminin dans les Adjectifs.

RÈGLE GÉNÉRALE.

67. Comment forme-t-on le féminin des adjectifs ?

Quand un adjectif ne finit point par un *e* muet, on y ajoute un *e* muet pour former le féminin : *prudent, prudente ; saint, sainte; méchant, méchante; petit, petite; grand, grande; poli, polie; vrai, vraie; nu, nue ;* etc.

Exceptions.

68. Comment font au féminin *cruel, pareil, fol, mol, ancien, bon, gras, gros, nul, net, sot, épais,* etc.?

1° Les adjectifs suivants, *cruel, pareil, fol, mol, ancien, bon, gras, gros, nul, net, sot, épais,* etc., doublent au féminin leur dernière consonne avec l'e muet : *cruelle, pareille, folle, molle, ancienne, bonne, grasse, grosse, nulle, nette, sotte, épaisse,* etc.

69. Quel est le féminin de *beau, nouveau ?*

Beau et *nouveau* font au féminin *belle, nouvelle,* parce qu'au masculin on dit *bel, nouvel,* devant une voyelle ou une *h* muette, *bel oiseau, bel homme, nouvel appartement.*

70. Quel est celui de *blanc, franc, sec, frais, public, caduc?*

2° *Blanc, franc, sec, frais,* font au féminin *blanche, franche, sèche, fraîche.*
Public, caduc, font *publique, caduque.*

71. Comment font *bref, naïf* et *long ?*

3° Les adjectifs *bref, naïf* font au féminin *brève, naïve,* en changent *f* en *v; long* fait *longue.*

72. Comment font *malin, bénin?*

4° *Malin, bénin* font *maligne, bénigne.*

10° EXERCICE. *Formez le féminin des adjectifs ci-après :*

Aimable, blond, court, délicat, escarpé, fameux, gai, honteux, ignorant, jaloux, lointain, mauvais, nouveau, oisif, pauvre, reclus, quotidien, soigneux, tardif, unique, vieux, zélé, altier, boiteux, cruel, douillet, entier, faux, grossier, habile, indigent, juste, long, malin, nul, oublieux, prudent, quêteur, réel, somptueux, trompeur, universel, vigoureux, agréable, bavard, curieux, débiteur, exact, fou, gris, humain, instructif, joyeux, las, mitoyen, naïf, orageux, public, querelleur, religieux, sacré, turc, ami, vif, ancien, blanc, caduc, doux, ému, frais, franc, gourmand, hardi, idiot, inquiet, jeune, loyal, mou, neuf, oblong, railleur, sincère, têtu, vain, amical, bref, captif, délicieux, bleu, distrait.

73. Quel est le féminin des adjectifs en *eur* ?	5° Les adjectifs en *eur* font ordinairement leur féminin en *euse* : *trompeur, trompeuse; parleur, parleuse;* cependant *pécheur* fait *pécheresse; acteur, actrice ; protecteur, protectrice.*
74. Comment font ceux terminés en *x* ?	6° Les adjectifs terminés en *x* changent *x* en *se* ; *dangereux, dangereuse ; honteux honteuse ; jaloux, jalouse ;* etc. Cependant *doux* fait *douce ; roux* fait *rousse.*

Formation du pluriel dans les Adjectifs.

RÈGLE GÉNÉRALE.

75. Comment se forme le pluriel dans les adjectifs ?	Le pluriel dans les adjectifs se forme comme dans les noms, en ajoutant une *s* à la fin : *bon, bonne;* au pluriel *bons, bonnes.*

Exceptions.

76. Quels sont ceux qui ne changent pas ?	1° Les adjectifs terminés par *s* ou *x* ne changent pas au pluriel : *un chapeau gris, des chapeaux gris ; un homme heureux, des hommes heureux.*
77. Quel est le pluriel des adjectifs terminés par *eau* ?	2° Les adjectifs terminés par *eau* prennent un *x* ; tels sont *beau* et *nouveau* qui font *beaux, nouveaux.*
78. Comment ceux en *al* font-ils leur pluriel ?	3° Ceux en *al* font leur pluriel en *aux* , comme *égal, égaux ; moral, moraux ;* ou en *als,* comme *fatal, fatals ; final, finals.*

11° EXERCICE. *Devoir à transcrire au pluriel.*

Un feu ardent, une ligne droite, l'ami fidèle, la riche moisson, mon chapeau gris, ton habit bleu, son gilet blanc, le récit moral, ce beau livre, cette longue maladie, le combat naval, le cierge pascal, un château royal, un fruit noir, un cheval ombrageux, le joli petit lapin blanc, un écolier studieux et intelligent, une femme laborieuse et économe, une aurore boréale remarquable, un regard doux et pénétrant, un enfant envieux et indiscret, la petite fille bavarde et capricieuse, un cœur franc et une âme franche, le vieux général intrépide, le jeune soldat courageux, la bonne mère radieuse d'avoir un enfant sage et laborieux, le jeune garçon paresseux, niais, ignorant, vicieux et gourmand ; un élève docile, appliqué, attentif, assidu, laborieux et instruit ; un animal adroit, intelligent et industrieux.

Accord des adjectifs avec les noms.

RÈGLE.

79. Quelle est la règle d'accord de l'adjectif?

Tout adjectif doit être du même genre et du même nombre que le nom auquel il se rapporte : *le bon père, la bonne mère, de beaux jardins, de belles fleurs.*

80. Comment s'écrit un adjectif qui se rapporte à deux noms singuliers?

Quand un adjectif se rapporte à deux noms singuliers, on met cet adjectif au pluriel, parce que deux singuliers valent un pluriel : *le roi et le berger sont égaux après la mort* (et non pas *égal*).

81. A quel genre met-on l'adjectif si les noms sont de différents genres?

Si les noms sont de différents genres, on met l'adjectif au masculin : *mon père et ma mère sont contents* (*et non pas contentes*).

82. Quelle est la place des adjectifs?

Quant à la place des adjectifs, il y en a qui se mettent devant le nom, comme dans *beau jardin, grand arbre*; d'autres se mettent après le nom, comme dans *habit rouge, table ronde*, etc. L'usage est le seul guide à cet égard.

83. N'y en a-t-il pas qui changent de signification selon la place qu'ils occupent?

Il y en a qui changent de signification selon la place qu'ils occupent, comme dans *grand* homme et homme *grand*, repas *maigre* et *maigre* repas , *honnête* homme et homme *honnête*.

12ᵉ EXERCICE. *Dites pourquoi les adjectifs sont au masculin ou au féminin, au singulier ou au pluriel.*

Les jeunes chats sont gais, vifs et jolis; mais leur badinage, quoique toujours agréable, n'est jamais innocent , et se tourne bientôt en malice habituelle. Le bec des oiseaux-mouches est une aiguille fine, leur langue un fil délié, leurs petits yeux noirs deux points brillants, les plumes de leurs ailes délicates et presque transparentes, leurs pieds courts et menus. Dans les pays chauds, les animaux terrestres sont plus grands et plus forts que dans les pays froids ou tempérés; ils sont plus hardis et plus féroces. Après un travail assidu, le repos et la distraction sont nécessaires. Le temps et la mort sont impitoyables. La fortune et les flots sont inconstants. Ce vieillard avait la barbe et les cheveux blancs, la taille haute et majestueuse, le teint frais et vermeil, les yeux vifs et perçants, les paroles simples et aimables.

ADJECTIFS DÉTERMINATIFS.

84. Qu'est-ce que les *adjectifs déterminatifs ?*	Les *Adjectifs déterminatifs* s'ajoutent au nom pour en préciser, pour en limiter la signification, comme dans *un enfant, mon livre, ce tableau, telle page.*
85. Combien y a-t-il de sortes d'adjectifs déterminatifs ?	Il y a quatre sortes d'adjectifs déterminatifs : les adjectifs *numéraux*, les adjectifs *démonstratifs*, les adjectifs *possessifs* et les adjectifs *indéfinis.*

Adjectifs numéraux.

86. Qu'est-ce que les *adjectifs numéraux ?*	Les *adjectifs numéraux* marquent le nombre ou le rang : *quatre cahiers, livre troisième.*
87. Comment les divise-t-on ?	Il y en a de deux sortes : les *cardinaux*, et les *ordinaux.*
88. Qu'expriment les adjectifs num. card. ?	Les adjectifs numéraux *cardinaux* expriment le nombre. Ce sont : *un, deux, trois,* etc.
89. Que marquent les adjectifs num. ord. ?	Les adjectifs numéraux *ordinaux* marquent le rang, l'ordre. Ce sont : *premier, second, troisième,* etc.

Adjectifs démonstratifs.

90. Qu'est-ce que les *adjectifs démonstratifs ?*	Les *adjectifs démonstratifs* servent à montrer la personne ou la chose dont on parle : *ce livre, cette table.*
91. Quels sont ces adjectifs ?	Ces adjectifs sont : *ce, cet, cette, ces.*

13ᵉ EXERCICE. *Distinguez les adjectifs déterminatifs, en disant :*
Quatre est un adjectif numéral cardinal, parce qu'il marque le nombre; etc.

Il y a dans l'année quatre saisons, douze mois, trois cent soixante-cinq jours. La semaine se compose de sept jours, le jour de vingt-quatre heures, l'heure de soixante minutes. Cent ans font un siècle. Janvier est le premier mois de l'année, août le huitième, octobre le dixième. Charles V laissa à sa mort une bibliothèque composée de neuf cents volumes. Ce livre, cet encrier, ces cahiers, cette plume m'appartiennent. Ce travail me sourit, cette idée me préoccupe. Henri IV disait qu'on prend plus de mouches avec une cuillerée de miel qu'avec cent tonneaux de vinaigre. On a dit avec raison : douze métiers, treize misères.

Analysez les adjectifs déterminatifs d'après le modèle n° 3.

92. Dans quel cas met-on *cet*, au lieu de *ce*?

REMARQUE. On met *cet*, au lieu de *ce*, devant une voyelle ou une *h* muette : *cet oiseau, cet homme.*

Adjectifs possessifs.

93. Qu'est-ce que les *adjectifs posses-sifs*?

Les *adjectifs possessifs* marquent la possession, comme dans *mon livre, votre cheval, son chapeau.*

94. Quels sont ces adjectifs ?

Ces adjectifs sont :

Masc. sing.	*Fém. sing.*	*Pl. des 2 gen.*
Mon.	Ma.	Mes.
Ton.	Ta.	Tes.
Son.	Sa.	Ses.
Notre.	Notre.	Nos.
Votre.	Votre.	Vos.
Leur.	Leur.	Leurs.

95. Que remarquez-vous sur *mon, ton, son*?

REMARQUE. *Mon, ton, son* s'emploient au féminin devant une voyelle ou une *h* muette : on dit *mon âme,* pour *ma âme; ton humeur,* pour *ta humeur; son épée,* pour *sa épée.*

Adjectifs indéfinis.

96. Qu'est-ce que les *adjectifs indéfinis*?

Les *adjectifs indéfinis* sont ceux qui signifient d'une manière générale.

97. Quels sont ces adjectifs ?

Ces adjectifs sont :
Un, chaque, nul, aucun, certain, même, tout, quel, quelque, autre, plusieurs, tel, maint, quelconque.

14° EXERCICE. *Distinguez les adjectifs déterminatifs, en disant :*
Mon est un adjectif possessif, parce qu'il marque la possession; etc.

Mon enfant, obéis à ton père et à ta mère, et prête l'oreille à leurs conseils. Dieu tient dans sa main nos jours, nos mois, nos années, notre vie. Le temps, qui change tout, change aussi nos humeurs : chaque âge a ses plaisirs, son esprit et ses mœurs. Vingt fois sur le métier remettez votre ouvrage. Mon père, dites-moi dans quel auteur, dans quel ouvrage, vous apprîtes l'art d'être sage. Tel maître, tel serviteur. Souviens-toi de ton Créateur pendant les jours de ta jeunesse. Vous retombez toujours dans les mêmes alarmes. Autre temps, autres mœurs. Si un chapeau te blesse, ne l'enfonce pas sur la tête de ton voisin. Aime Dieu de tout ton cœur, de toute ton âme, de toutes tes forces, et ton prochain comme toi-même.

Analysez les adjectifs déterminatifs d'après le modèle n° 3.

CHAPITRE IV.

Quatrième espèce de mots.

LE PRONOM.

98. Qu'est-ce que le *pronom*?

Le *Pronom* est un mot qui tient la place du nom.

99. Combien distingue-t-on de sortes de pronoms?

On distingue cinq sortes de pronoms : les pronoms *personnels*, les pronoms *démonstratifs*, les pronoms *possessifs*, les pronoms *relatifs* et les pronoms *indéfinis*.

Pronoms personnels.

100. Qu'est-ce que les *pronoms personnels*?

Les *pronoms personnels* sont ceux qui désignent les personnes du discours.

101. Combien y a-t-il de personnes dans le discours?

Il y a trois personnes dans le discours : la *première* est celle qui parle; la *seconde* est celle à qui l'on parle; la *troisième* est celle de qui l'on parle.

102. Quels sont les pronoms de la 1ʳᵉ personne?

Les pronoms de la première personne sont : *je, me, moi*, pour le singulier; *nous*, pour le pluriel.

103. Quels sont ceux de la seconde personne?

Les pronoms de la seconde personne sont : *tu, te, toi*, pour le singulier; *vous*, pour le pluriel.

104. Quels sont ceux de la troisième?

Les pronoms de la troisième personne sont : *il, ils, elle, elles, lui, eux, leur, le, la, les, se, soi, en, y.*

15° EXERCICE. *Distinguez les pronoms personnels, en disant :*

Je est un pron. pers. de la prem. per., parce qu'il désigne la personne qui parle; etc.

Je plie et ne romps pas. Tu seras heureux, si tu es sage. Dieu nous aime, il veut que nous l'aimions. J'ai mes maux, lui dit-il, et vous avez les vôtres; unissons-les, mon frère, ils seront moins affreux. Nous songeons rarement aux besoins des autres, quand nous nageons dans l'abondance. Pour un âne enlevé deux voleurs se battaient. Les jeunes gens disent ce qu'ils font, les vieillards ce qu'ils ont fait, et les sots ce qu'ils veulent faire. On allége ses maux en les racontant. L'égoïste ne vit que pour soi. Nulle paix pour l'impie : il la cherche, elle fuit. Celui qui ne perd pas de temps, en a beaucoup. Si ton ennemi a faim, donne-lui à manger; s'il a soif, donne-lui à boire.

Analysez les pronoms personnels d'après le modèle n° 4.

Pronoms démonstratifs.

105. Qu'est-ce que *les pronoms démonstratifs?*

Les *pronoms démonstratifs* servent à montrer les personnes ou les choses dont on parle.

106. Quels sont ces pronoms?

Ces pronoms sont :

Celui, celui-ci, celui-là, celle, celle-ci, celle-là, ceux, ceux-ci, ceux-là, celles, celles-ci, celles-là, ce, ceci, cela.

107. Quelle différence y a-t-il entre *celui-ci, celle-ci,* et *celui-là, celle-là?*

REMARQUE. *Celui-ci, celle-ci* s'emploient pour montrer des choses qui sont proches: *celui-là, celle-là,* pour montrer des choses éloignées.

Pronoms possessifs.

108. Qu'est-ce que les *pronoms possessifs?*

Les *pronoms possessifs* marquent la possession.

109. Quels sont ces pronoms?

Ces pronoms sont :

SINGULIER.		PLURIEL.	
Masculin.	*Féminin.*	*Masculin.*	*Féminin.*
Le mien.	La mienne.	Les miens.	Les miennes.
Le tien.	La tienne.	Les tiens.	Les tiennes.
Le sien.	La sienne.	Les siens.	Les siennes.
Le nôtre.	La nôtre.	Les nôtres. ⎞	
Le vôtre.	La vôtre.	Les vôtres. ⎬ des 2 genres.	
Le leur.	La leur.	Les leurs. ⎠	

110. Que remarquez-vous sur *le nôtre, le vôtre,* pronoms possessifs?

REMARQUE. *Le nôtre, le vôtre,* pronoms possessifs, prennent un accent circonflexe sur l'o; au lieu que *notre, votre,* adjectifs possessifs, n'en prennent pas.

16ᵉ EXERCICE. *Distinguez les pr. dém. et les pr. poss., en disant :*

Celui-là est un pr. dém., parc. qu'il sert à montrer la personne dont on parle; etc.

Celui-là est riche qui a des amis. Ceux-là sont heureux qui sont sages. Vos élèves travaillent, les nôtres ne font rien. Rends-moi mon livre, voilà le tien. Cela m'étonne, ceci me réjouit. Paul a perdu sa plume, et il prend la mienne. Porte ton fardeau; à chacun le sien. Celui qui donne aux pauvres prête à Dieu. J'ai fait ma tâche, fais la tienne. Celui qui ne sait rien est malheureux. Celui-là est un sot, qui dit du mal des siens. La manière de donner vaut mieux que ce qu'on donne. Heureux ceux qui ont le cœur pur; car ils verront Dieu. Vous avez des chagrins; n'ont-ils pas les leurs ?

Analysez les pron. démonstr. et les pron. poss. d'après le modèle nº 4.

Pronoms relatifs.

111. Qu'est-ce que les *pronoms relatifs ?*

Les *pronoms relatifs* sont ceux qui ont rapport à un nom placé devant, comme quand je dis : *Dieu qui a créé le monde, qui* se rapporte à *Dieu; le livre que je lis, que* se rapporte à *livre.*

112. Qu'est-ce que l'*antécédent* du pronom relatif?

Le mot auquel le pronom relatif se rapporte s'appelle *antécédent.*

113. Comment s'accorde le pronom relatif?

Le pronom relatif s'accorde avec son antécédent en genre, en nombre et en personne : dans *l'enfant qui joue, qui* est du singulier et de la troisième personne; il est masculin, si l'on parle d'un garçon, et féminin si l'on parle d'une fille.

114. Quels sont les pronoms relatifs?

Les pronoms relatifs sont : *qui, que, quoi, dont, lequel, laquelle, lesquels, lesquelles.*

Pronoms indéfinis.

115. Qu'est-ce que les *pronoms indéfinis ?*

Les *pronoms indéfinis* sont ceux qui désignent d'une manière vague et générale les personnes dont on parle.

116. Quels sont ces pronoms ?

Ces pronoms sont : *on, quelqu'un, quiconque, chacun, autrui, personne, tout, rien, l'un, l'autre, les uns, les autres.*

17ᵉ EXERCICE. *Distinguez les pronoms relatifs et les pronoms indéfinis, en disant :*

Qui est un pronom relatif, parce qu'il se rapporte à *enfant;* etc.

L'enfant qui travaille fait des progrès. Aimez-vous les uns les autres. C'est l'égoïste qui a dit : Tout pour moi, rien pour les autres. Ce que tu dois aimer, c'est la vertu. Chacun a ses défauts, où toujours il revient. Voilà le livre que tu m'avais prêté. Ce sont les grands hommes qui font la force des empires. Nul n'est prophète dans son pays. Quoi que tu dises, on ne te croira pas. Voici l'élève dont vous m'aviez parlé. Personne n'est satisfait. Quelqu'un te demande. Quiconque sait la vérité doit la dire. Ne fais pas à autrui ce que tu ne voudrais pas qu'on te fît. Ce que l'on conçoit bien s'énonce clairement. Cherchez la sanctification, sans laquelle personne ne verra le Seigneur. Bénissons Dieu, de qui nous tenons tout. A l'œuvre on connaît l'artisan.

Analysez les pronoms relatifs et les pronoms indéfinis d'après le modèle n° 4.

CHAPITRE V.

Cinquième espèce de mots.

LE VERBE.

117. Qu'est - ce que le *verbe*?

Le *Verbe* est un mot dont on se sert pour exprimer que l'on est, ou que l'on fait quelque chose; ainsi le mot *être, je suis*, est un verbe; le mot *lire, je lis*, est un verbe.

118. Comment reconnaît - on un verbe en français?

On connaît un verbe en français quand on peut y ajouter ces pronoms, *je, tu, il, nous, vous, ils*, comme je *lis*, tu *lis*, il *lit*, nous *lisons*, vous *lisez*, ils *lisent*.

119. Que marquent les pronoms *je, nous; tu, vous; il, elle; ils, elles*, placés devant un verbe?

Les pronoms *je, nous*, marquent la première personne, c'est-à-dire, celle qui parle; *tu, vous*, marquent la seconde personne, c'est-à-dire, celle à qui l'on parle; *il, elle, ils, elles*, et tout nom placé devant un verbe, marquent la troisième personne, celle de qui l'on parle.

120. Combien y a-t-il de *nombres* dans les verbes?

Il y a dans les verbes deux nombres : le *singulier*, quand on parle d'une seule personne, comme *je lis, l'enfant dort*; le *pluriel*, quand on parle de plusieurs personnes, comme *nous lisons, les enfants dorment*.

18ᵉ EXERCICE. *Distinguez les verbes, et faites-en connaître la personne et le nombre, en disant :*

Suis est un verbe, parce qu'il exprime que l'on est; il est de la première personne du sing.

Je suis content de Joseph ; il travaille, il s'occupe continuellement : aussi sait-il toujours ses leçons, et fait-il ses devoirs d'une manière irréprochable. Tu l'imiteras, tu ne perdras pas ton temps, tu t'appliqueras, et tu feras bien. Nous aimons les élèves laborieux et attentifs, nous les encourageons, nous les récompensons souvent. Vous étudierez vos leçons avec soin, vous écouterez attentivement les explications qui vous seront données, vous mettrez à profit toutes nos observations, et vous nous comblerez de joie. Vos parents se réjouiront de vos succès, ils vous applaudiront, ils vous récompenseront aussi quelquefois.

121. Combien y a-t il de temps ?	Il y a trois temps principaux : le *présent*, le *passé* et le *futur*.
122. Que marquent le *présent*, le *passé* et le *futur* ?	Le *présent* marque que la chose est ou se fait actuellement, comme *je lis* ; le *passé* marque que la chose a été faite, comme *j'ai lu* ; le *futur* marque que la chose se fera, comme *je lirai*.
123. Combien y a-t-il de passés ?	Il a y cinq sortes de passés, *l'imparfait, le passé défini, le passé indéfini, le passé antérieur, et le plus-que-parfait.*
124. Que marque *l'imparfait ?*	*L'imparfait* marque que la chose était ou se faisait, comme *je lisais.*
125. Qu'exprime le *passé défini ?*	Le *passé défini* exprime que la chose s'est faite dans un temps passé complètement écoulé, comme *j'écrivis hier.*
126. Que marque le *passé indéfini ?*	Le *passé indéfini* marque que la chose s'est faite dans un temps complètement écoulé, ou non complètement écoulé, comme *j'ai lu hier, j'ai lu ce matin.*
127. Qu'indique le *passé antérieur ?*	Le *passé antérieur* qu'elle s'est faite avant une autre: *j'eus fini avant toi.*
128. Que marque le *plus-que-parfait?*	Le *plus-que-parfait*, comme le passé antérieur, marque que la chose a été faite avant une autre, comme *j'avais dîné quand il entra.*

19e EXERCICE. *Distinguez les verbes, et faites connaître le temps, en disant :*

Connais est au présent, parce qu'il marque que la chose est ou se fait actuellement; etc.

Je connais mes devoirs. Tu as beaucoup lu. Il travaillait sans cesse. Nous nous encouragions l'un l'autre. Sème et tu moissonneras. Quand vous viendrez j'aurai fini. Je partirai sous peu. Paul me récita sa leçon; il la savait par cœur. Je crains Dieu, j'aime mon père, j'honore le roi. J'avais terminé quand il arriva. Quand j'eus fini je partis. Nous ne nous entendîmes pas. L'homme propose et Dieu dispose. Qui veut bien mourir doit bien vivre. Fais le bien et tu en seras loué. Petit poisson deviendra grand, pourvu que Dieu lui prête vie. Dieu créa le monde en six jours, et se reposa le septième. Une hirondelle en ses voyages avait beaucoup appris. Quiconque a beaucoup vu peut avoir beaucoup retenu. Où la guêpe a passé le moucheron demeure. Un baudet chargé de reliques s'imagina qu'on l'adorait.

129. Combien y a-t-il de futurs ?	Il y a deux futurs : le *futur simple* et le *futur passé*.
130. Qu'est-ce que le *futur simple?*	Le *futur simple* exprime simplement que la chose sera ou se fera : *je lirai*.
131. Qu'exprime le *futur passé?*	Le *futur passé* exprime qu'elle sera faite, comme *j'aurai fini à cinq heures*.
132. Combien y a-t-il de modes ?	Il y a cinq modes ou manières de signifier dans les verbes français : l'*indicatif*, le *conditionnel*, l'*impératif*, le *subjonctif*, et l'*infinitif*.
133. Qu'est-ce que l'*indicatif?*	L'*indicatif* affirme que la chose est, qu'elle a été, ou qu'elle sera : *je lis, j'ai lu, je lirai*.
134. Qu'exprime le *conditionnel?*	Le *conditionnel* exprime qu'elle serait ou qu'elle aurait été moyennant une condition : *nous ne nous plaindrions pas sans cesse, si nous étions raisonnables*.
135. Qu'indique l'*impératif?*	L'*impératif* commande de la faire : *obéis, si tu veux qu'on t'obéisse un jour*.
136. Quand s'emploie le *subjonctif?*	Le *subjonctif* s'emploie quand on souhaite ou qu'on doute qu'elle se fasse : *je désire que tu travailles*.
137. Q'exprime l'*infinitif?*	L'*infinitif* exprime l'état ou l'action en général, sans nombres, ni personnes, comme *lire, être*.

20° EXERCICE. *Distinguez les verbes, et faites en connaître le mode, en disant :*

Aigrit est à l'indicatif, parce qu'il affirme que la chose est; etc.

L'impatience aigrit et aliène les cœurs. Ne compte pas sur la pluie pour arroser ton jardin. Il faut bien faire et laisser dire. La clef dont on se sert est toujours claire. Vous travailleriez, si vous étiez raisonnables. Dieu veut que nous l'aimions. Dis-moi qui tu fréquentes, je te dirai qui tu es. Pends-toi, brave Crillon, nous avons combattu à Arques, et tu n'y étais pas. Remercions Dieu, de qui nous tenons tout. Si jeunesse savait, si vieillesse pouvait, jamais rien ne manquerait. Que tu sois beau ou laid, peu importe : sois bon. Mentir, c'est tromper. Jésus dit à ses disciples : Aimez vos ennemis, bénissez ceux qui vous maudissent, faites du bien à ceux qui vous haïssent, priez pour ceux qui vous outragent et qui vous persécutent.

138. Qu'est-ce que *conjuguer* un verbe ?

Conjuguer un verbe, c'est le réciter ou l'écrire de suite dans tous ses modes, ses temps, ses nombres et ses personnes.

139. Combien y a-t-il de conjugaisons en français ?

Il y a en français quatre conjugaisons différentes, que l'on distingue par la terminaison du présent de l'infinitif.

140. Quelle est la 1re conjugaison ?

La première conjugaison a le présent de l'infinitif terminé en *er*, comme *aimer*.

141. Quelle est la 2e conjugaison ?

La seconde a le présent de l'infinitif terminé en *ir*, comme *finir*.

142. Quelle est la 3e conjugaison ?

La troisième a le présent de l'infinitif terminé en *oir*, comme *recevoir*.

143. Quelle est la 4e conjugaison ?

La quatrième a le présent de l'infinitif terminé en *re*, comme *rendre*.

144. Quand le verbe *avoir* et le verbe *être* sont-ils appelés *verbes auxiliaires* ?

Le verbe *avoir* et le verbe *être* sont appelés verbes *auxiliaires* lorsqu'ils aident à conjuguer un autre verbe, comme dans *j'ai lu, je suis parti.*

145. Qu'est-ce que les *temps simples* ?

Les *temps simples* sont ceux qui ne renferment pas d'auxiliaire, comme *je chante, tu viendras.*

146. Qu'est-ce que les *temps composés* ?

Les *temps composés* sont ceux qui renferment l'auxiliaire *avoir* ou l'auxiliaire *être*, comme *j'ai couru, je suis tombé.*

21e EXERCICE. *Distinguez les verbes, et faites-en connaître la conjugaison, ainsi que les temps simples et les temps composés, en disant :*

Vivra est un verbe de la quatrième conjugaison, parce qu'il se termine au présent de l'infinitif par *re*; il est à un temps simple, parce qu'il ne renferme pas d'auxiliaire.

Le juste vivra par la foi. César écrivit au sénat : Je suis venu, j'ai vu, j'ai vaincu. Tu as perdu ton procès, je gagnerai le mien. Aime Dieu de tout ton cœur. J'ai reçu votre lettre ce matin. J'apprends ma leçon, je la saurai bientôt. Marthe dit à Jésus : Si vous eussiez été ici mon frère ne serait pas mort. L'oisiveté ressemble à la rouille : elle use beaucoup plus que le travail. J'avais recommandé à Jules de travailler, il n'en a rien fait. Paul sera parti quand nous arriverons. Rendez à Dieu l'honneur suprême. Il importe que tu sois arrivé demain matin. Je crains que tu n'aies pas fini ce soir. Quand vous aurez écrit, vous étudierez vos leçons. Charlemagne est le premier de nos rois qui ait fondé des écoles publiques. Vouloir, c'est pouvoir. Entends d'abord, et parle après.

CONJUGAISON DU VERBE **AVOIR.**

MODE INDICATIF.

TEMPS PRÉSENT.

J'ai.
Tu as (1).
Il a.
Nous avons.
Vous avez.
Ils ont.

IMPARFAIT.

J'avais.
Tu avais.
Il avait.
Nous avions.
Vous aviez.
Ils avaient.

PASSÉ DÉFINI.

J'eus.
Tu eus.
Il eut.
Nous eûmes.
Vous eûtes.
Ils eurent.

PASSÉ INDÉFINI.

J'ai eu.
Tu as eu.
Il a eu.
Nous avons eu.
Vous avez eu.
Ils ont eu.

PASSÉ ANTÉRIEUR.

J'eus eu.
Tu eus eu.
Il eut eu.
Nous eûmes eu.
Vous eûtes eu.
Ils eurent eu.

PLUS-QUE-PARFAIT.

J'avais eu.
Tu avais eu.
Il avait eu.
Nous avions eu.
Vous aviez eu.
Ils avaient eu.

FUTUR SIMPLE.

J'aurai.
Tu auras.
Il aura.
Nous aurons.
Vous aurez.
Ils auront.

FUTUR PASSÉ.

J'aurai eu.
Tu auras eu.
Il aura eu.
Nous aurons eu.
Vous aurez eu.
Ils auront eu.

CONDITIONNEL.

PRÉSENT OU FUTUR.

J'aurais.
Tu aurais.
Il aurait.
Nous aurions.
Vous auriez.
Ils auraient.

PASSÉ.

J'aurais eu.
Tu aurais eu.
Il aurait eu.
Nous aurions eu.
Vous auriez eu.
Ils auraient eu.

On dit aussi :

J'eusse eu.
Tu eusses eu.
Il eût eu.
Nous eussions eu.
Vous eussiez eu.
Ils eussent eu.

IMPÉRATIF.

Point de 1re person-
ne du singulier ni de
3e pour les 2 nombres.
Aie.
Ayons.
Ayez.

SUBJONCTIF.

PRÉSENT OU FUTUR.

Que j'aie.
Que tu aies.
Qu'il ait.
Que nous ayons.
Que vous ayez.
Qu'ils aient.

IMPARFAIT.

Que j'eusse.
Que tu eusses.
Qu'il eût.
Que nous eussions.
Que vous eussiez.
Qu'ils eussent.

PASSÉ.

Que j'aie eu.
Que tu aies eu,
Qu'il ait eu.
Que nous ayons eu.
Que vous ayez eu.
Qu'ils aient eu.

PLUS-QUE-PARFAIT.

Que j'eusse eu.
Que tu eusses eu.
Qu'il eût eu.
Que nous eussions eu.
Que vous eussiez eu.
Qu'ils eussent eu.

INFINITIF.

PRÉSENT.

Avoir.

PASSÉ.

Avoir eu.

PARTICIPE.

PRÉSENT.

Ayant.

PASSÉ.

Eu, eue, ayant eu.

(1) Toutes les secondes personnes du singulier ont une *s* à la fin, excepté celles de l'impératif des verbes de la 1re conjugaison, et de quelques-uns de la seconde.

CONJUGAISON DU VERBE **ÊTRE**.

MODE INDICATIF.

TEMPS PRÉSENT.

Je suis.
Tu es.
Il est.
Nous sommes.
Vous êtes.
Ils sont.

IMPARFAIT.

J'étais.
Tu étais.
Il était.
Nous étions.
Vous étiez.
Ils étaient.

PASSÉ DÉFINI.

Je fus.
Tu fus.
Il fut.
Nous fûmes.
Vous fûtes.
Ils furent.

PASSÉ INDÉFINI.

J'ai été.
Tu as été.
Il a été.
Nous avons été.
Vous avez été.
Ils ont été.

PASSÉ ANTÉRIEUR.

J'eus été.
Tu eus été.
Il eut été.
Nous eûmes été.
Vous eûtes été.
Ils eurent été.

PLUS-QUE-PARFAIT.

J'avais été.
Tu avais été.
Il avait été.
Nous avions été.
Vous aviez été.
Ils avaient été.

FUTUR SIMPLE.

Je serai.
Tu seras.
Il sera.
Nous serons.
Vous serez.
Ils seront.

FUTUR PASSÉ.

J'aurai été.
Tu auras été.
Il aura été.
Nous aurons été.
Vous aurez été.
Ils auront été.

CONDITIONNEL.

PRÉSENT OU FUTUR.

Je serais.
Tu serais.
Il serait.
Nous serions.
Vous seriez.
Ils seraient.

PASSÉ.

J'aurais été.
Tu aurais été.
Il aurait été.
Nous aurions été.
Vous auriez été.
Ils auraient été.

On dit aussi :

J'eusse été.
Tu eusses été.
Il eût été.
Nous eussions été.
Vous eussiez été.
Ils eussent été.

IMPÉRATIF.

Point de 1re personne du sing. ni de 3e pour les 2 nombres.

Sois.
Soyons.
Soyez.

SUBJONCTIF.

PRÉSENT OU FUTUR.

Que je sois.
Que tu sois.
Qu'il soit.
Que nous soyons.
Que vous soyez.
Qu'ils soient.

IMPARFAIT.

Que je fusse.
Que tu fusses.
Qu'il fût.
Que nous fussions.
Que vous fussiez.
Qu'ils fussent.

PASSÉ.

Que j'aie été.
Que tu aies été.
Qu'il ait été.
Que nous ayons été.
Que vous ayez été.
Qu'ils aient été.

PLUS-QUE-PARFAIT.

Que j'eusse été.
Que tu eusses été.
Qu'il eût été.
Que n. eussions été.
Que v. eussiez été.
Qu'ils eussent été.

INFINITIF.

PRÉSENT.

Être.

PASSÉ.

Avoir été.

PARTICIPE.

PRÉSENT.

Étant.

PASSÉ.

Été, ayant été.

AVIS. Il est inutile de dire que les élèves doivent copier les verbes, les apprendre par cœur, puis les reproduire de mémoire, jusqu'à ce qu'ils en possèdent bien l'orthographe.

PREMIÈRE CONJUGAISON, EN ER.

MODE INDICATIF.

TEMPS PRÉSENT.

J'aime.
Tu aimes.
Il aime.
Nous aimons.
Vous aimez.
Ils aiment.

IMPARFAIT.

J'aimais.
Tu aimais.
Il aimait.
Nous aimions.
Vous aimiez.
Ils aimaient.

PASSÉ DÉFINI.

J'aimai.
Tu aimas.
Il aima.
Nous aimâmes.
Vous aimâtes.
ils aimèrent.

PASSÉ INDÉFINI.

J'ai aimé.
Tu as aimé.
Il a aimé.
Nous avons aimé.
Vous avez aimé.
Ils ont aimé.

PASSÉ ANTÉRIEUR.

J'eus aimé.
Tu eus aimé.
Il eut aimé.
Nous eûmes aimé.
Vous eûtes aimé.
Ils eurent aimé.

PLUS-QUE-PARFAIT.

J'avais aimé.
Tu avais aimé.
Il avait aimé.
Nous avions aimé.
Vous aviez aimé.
Ils avaient aimé.

FUTUR SIMPLE.

J'aimerai.
Tu aimeras.
Il aimera.
Nous aimerons.
Vous aimerez.
Ils aimeront.

FUTUR PASSÉ.

J'aurai aimé.
Tu auras aimé.
Il aura aimé.
Nous aurons aimé.
Vous aurez aimé.
Ils auront aimé.

CONDITIONNEL.

PRÉSENT OU FUTUR.

J'aimerais.
Tu aimerais.
Il aimerait.
Nous aimerions.
Vous aimeriez.
Ils aimeraient.

PASSÉ.

J'aurais aimé.
Tu aurais aimé.
Il aurait aimé.
Nous aurions aimé.
Vous auriez aimé.
Ils auraient aimé.

On dit aussi :

J'eusse aimé.
Tu eusses aimé.
Il eût aimé.
Nous eussions aimé.
Vous eussiez aimé.
Ils eussent aimé.

IMPÉRATIF.

Point de 1re personne du sing. ni de 3e pour les 2 nombres.

Aime.
Aimons.
Aimez.

SUBJONCTIF.

PRÉSENT OU FUTUR.

Que j'aime.
Que tu aimes.
Qu'il aime.
Que nous aimions.
Que vous aimiez.
Qu'ils aiment.

IMPARFAIT.

Que j'aimasse.
Que tu aimasses.
Qu'il aimât.
Que n. aimassions.
Que vous aimassiez.
Qu'ils aimassent.

PASSÉ.

Que j'aie aimé.
Que tu aies aimé.
Qu'il ait aimé.
Que n. ayons aimé.
Que vous ayez aimé.
Qu'ils aient aimé.

PLUS-QUE-PARFAIT.

Que j'eusse aimé.
Que tu eusses aimé.
Qu'il eût aimé.
Q. n. eussions aimé.
Que v. eussiez aimé.
Qu'ils eussent aimé.

INFINITIF.

PRÉSENT.

Aimer.

PASSÉ.

Avoir aimé.

PARTICIPE.

PRÉSENT.

Aimant.

PASSÉ.

Aimé, aimée, ayant aimé.

Ainsi se conjuguent les verbes *chanter, danser, donner, frapper, marcher, parler, porter, jouer, louer, nouer,* et tous ceux dont l'infinitif se termine en er.

SECONDE CONJUGAISON, EN IR.

MODE INDICATIF.

TEMPS PRÉSENT.

Je finis.
Tu finis.
Il finit.
Nous finissons.
Vous finissez.
Ils finissent.

IMPARFAIT.

Je finissais.
Tu finissais.
Il finissait.
Nous finissions.
Vous finissiez.
Ils finissaient.

PASSÉ DÉFINI.

Je finis.
Tu finis.
Il finit.
Nous finîmes.
Vous finîtes.
Ils finirent.

PASSÉ INDÉFINI.

J'ai fini.
Tu as fini.
Il a fini.
Nous avons fini.
Vous avez fini.
Ils ont fini.

PASSÉ ANTÉRIEUR.

J'eus fini.
Tu eus fini.
Il eut fini.
Nous eûmes fini.
Vous eûtes fini.
Ils eurent fini.

PLUS-QUE-PARFAIT.

J'avais fini.
Tu avais fini.
Il avait fini.
Nous avions fini.
Vous aviez fini.
Ils avaient fini.

FUTUR SIMPLE.

Je finirai.
Tu finiras.
Il finira.
Nous finirons.
Vous finirez.
Ils finiront.

FUTUR PASSÉ.

J'aurai fini.
Tu auras fini.
Il aura fini.
Nous aurons fini.
Vous aurez fini.
Ils auront fini.

CONDITIONNEL.

PRÉSENT OU FUTUR.

Je finirais.
Tu finirais.
Il finirait.
Nous finirions.
Vous finiriez.
Ils finiraient.

PASSÉ.

J'aurais fini.
Tu aurais fini.
Il aurait fini.
Nous aurions fini,
Vous auriez fini.
Ils auraient fini.

On dit aussi :

J'eusse fini.
Tu eusses fini.
Il eût fini.
Nous eussions fini.
Vous eussiez fini.
Ils eussent fini.

IMPÉRATIF.

Point de 1re personne du sing. ni de 3e pour les 2 nombres.

Finis.
Finissons.
Finissez.

SUBJONCTIF.

PRÉSENT OU FUTUR.

Que je finisse.
Que tu finisses.
Qu'il finisse.
Que nous finissions.
Que vous finissiez.
Qu'ils finissent.

IMPARFAIT.

Que je finisse.
Que tu finisses.
Qu'il finît.
Que nous finissions.
Que vous finissiez.
Qu'ils finissent.

PASSÉ.

Que j'aie fini.
Que tu aies fini.
Qu'il ait fini.
Que nous ayons fini.
Que vous ayez fini.
Qu'ils aient fini.

PLUS-QUE-PARFAIT.

Que j'eusse fini.
Que tu eusses fini.
Qu'il eût fini.
Que n. eussions fini.
Que v. eussiez fini.
Qu'ils eussent fini.

INFINITIF.

PRÉSENT.

Finir.

PASSÉ.

Avoir fini.

PARTICIPE.

PRÉSENT.

Finissant.

PASSÉ.

Fini, finie, ayant fini.

Ainsi se conjuguent *avertir, guérir, ensevelir, bâtir, choisir, fléchir, gémir, unir, punir, adoucir, jouir, remplir, périr*, etc.

TROISIÈME CONJUGAISON, EN **OIR.**

MODE INDICATIF.

TEMPS PRÉSENT.

Je reçois.
Tu reçois.
Il reçoit.
Nous recevons.
Vous recevez.
Ils reçoivent.

IMPARFAIT.

Je recevais.
Tu recevais.
Il recevait.
Nous recevions.
Vous receviez.
Ils recevaient.

PASSÉ DÉFINI.

Je reçus.
Tu reçus.
Il reçut.
Nous reçûmes.
Vous reçûtes.
Ils reçurent.

PASSÉ INDÉFINI.

J'ai reçu.
Tu as reçu.
Il a reçu.
Nous avons reçu.
Vous avez reçu.
Ils ont reçu.

PASSÉ ANTÉRIEUR.

J'eus reçu.
Tu eus reçu.
Il eut reçu.
Nous eûmes reçu.
Vous eûtes reçu.
Ils eurent reçu.

PLUS-QUE-PARFAIT.

J'avais reçu.
Tu avais reçu.
Il avait reçu.
Nous avions reçu.
Vous aviez reçu.
Ils avaient reçu.

FUTUR SIMPLE.

Je recevrai.
Tu recevras.
Il recevra.
Nous recevrons.
Vous recevrez.
Ils recevront.

FUTUR PASSÉ.

J'aurai reçu.
Tu auras reçu.
Il aura reçu.
Nous aurons reçu,
Vous aurez reçu.
Ils auront reçu.

CONDITIONNEL.

PRÉSENT OU FUTUR.

Je recevrais.
Tu recevrais.
Il recevrait.
Nous recevrions.
Vous recevriez.
Ils recevraient.

PASSÉ.

J'aurais reçu.
Tu aurais reçu,
Il aurait reçu.
Nous aurions reçu.
Vous auriez reçu.
Ils auraient reçu.

On dit aussi :

J'eusse reçu.
Tu eusses reçu.
Il eût reçu.
Nous eussions reçu.
Vous eussiez reçu.
Ils eussent reçu.

IMPÉRATIF.

Point de 1re personne du sing. ni de 3e pour les 2 nombres.

Reçois.
Recevons.
Recevez.

SUBJONCTIF.

PRÉSENT OU FUTUR.

Que je reçoive.
Que tu reçoives.
Qu'il reçoive.
Que nous recevions.
Que vous receviez.
Qu'ils reçoivent.

IMPARFAIT.

Que je reçusse.
Que tu reçusses.
Qu'il reçût.
Que nous reçussions.
Que vous reçussiez.
Qu'ils reçussent.

PASSÉ.

Que j'aie reçu.
Que tu aies reçu.
Qu'il ait reçu.
Que n. ayons reçu.
Que vous ayez reçu.
Qu'ils aient reçu.

PLUS-QUE-PARFAIT.

Que j'eusse reçu.
Que tu eusses reçu.
Qu'il eût reçu.
Que n. eussions reçu.
Que v. eussiez reçu.
Qu'ils eussent reçu.

INFINITIF.

PRÉSENT.

Recevoir.

PASSÉ.

Avoir reçu.

PARTICIPE.

PRÉSENT.

Recevant.

PASSÉ.

Reçu, reçue, ayant reçu.

Ainsi se conjuguent *apercevoir, concevoir, devoir, décevoir, percevoir.*
Tous les autres verbes en *oir* sont irréguliers.

QUATRIÈME CONJUGAISON, EN RE.

MODE INDICATIF.

TEMPS PRÉSENT.

Je rends.
Tu rends.
Il rend.
Nous rendons.
Vous rendez.
Ils rendent.

IMPARFAIT.

Je rendais.
Tu rendais.
Il rendait.
Nous rendions.
Vous rendiez.
Ils rendaient.

PASSÉ DÉFINI.

Je rendis.
Tu rendis.
Il rendit.
Nous rendîmes.
Vous rendîtes.
Ils rendirent.

PASSÉ INDÉFINI.

J'ai rendu.
Tu as rendu.
Il a rendu.
Nous avons rendu.
Vous avez rendu.
Ils ont rendu.

PASSÉ ANTÉRIEUR.

J'eus rendu.
Tu eus rendu.
Il eut rendu.
Nous eûmes rendu.
Vous eûtes rendu.
Ils eurent rendu.

PLUS-QUE-PARFAIT.

J'avais rendu.
Tu avais rendu.
Il avait rendu.
Nous avions rendu.
Vous aviez rendu.
Ils avaient rendu.

FUTUR SIMPLE.

Je rendrai.
Tu rendras.
Il rendra.
Nous rendrons.
Vous rendrez.
Ils rendront.

FUTUR PASSÉ.

J'aurai rendu.
Tu auras rendu.
Il aura rendu.
Nous aurons rendu.
Vous aurez rendu.
Ils auront rendu.

CONDITIONNEL.

PRÉSENT OU FUTUR.

Je rendrais.
Tu rendrais.
Il rendrait.
Nous rendrions.
Vous rendriez.
Ils rendraient.

PASSÉ.

J'aurais rendu.
Tu aurais rendu.
Il aurait rendu.
Nous aurions rendu.
Vous auriez rendu.
Ils auraient rendu.

On dit aussi :

J'eusse rendu.
Tu eusses rendu.
Il eût rendu.
Nous eussions rendu.
Vous eussiez rendu.
Ils eussent rendu.

IMPÉRATIF.

Point de 1re personne du sing. ni de 3e pour les 2 nombres.

Rends.
Rendons.
Rendez.

SUBJONCTIF.

PRÉSENT OU FUTUR.

Que je rende.
Que tu rendes.
Qu'il rende.
Que nous rendions.
Que vous rendiez.
Qu'ils rendent.

IMPARFAIT.

Que je rendisse.
Que tu rendisses.
Qu'il rendît.
Que n. rendissions.
Que vous rendissiez.
Qu'ils rendissent.

PASSÉ.

Que j'aie rendu.
Que tu aies rendu.
Qu'il ait rendu.
Que n. ayons rendu.
Que v. ayez rendu.
Qu'ils aient rendu.

PLUS-QUE-PARFAIT.

Que j'eusse rendu.
Que tu eusses rendu.
Qu'il eût rendu.
Q. n. eussions rendu.
Q. v. eussiez rendu.
Qu'ils eussent rendu.

INFINITIF.

PRÉSENT.

Rendre.

PASSÉ.

Avoir rendu.

PARTICIPE.

PRÉSENT.

Rendant.

PASSÉ.

Rendu, rendue, ayant rendu.

Ainsi se conjuguent *attendre, entendre, suspendre, vendre, répandre, confondre, perdre, mordre,* etc.

Observations sur certains verbes des quatre conjugaisons.

147. Quelle observation faites-vous sur les verbes en *cer* ?

Les verbes en *cer*, comme *avancer*, *placer*, prennent une cédille sous le c, devant les voyelles *a*, *o* : *j'avançai, nous plaçons.*

148. Que remarquez-vous sur les verbes en *ger* ?

Les verbes en *ger*, comme *manger*, *nager*, prennent un *e* après le *g*, devant les voyelles *a*, *o* : *je mangeai, nous nageons.*

149. Que savez-vous sur les verbes qui ont un *e* muet ou un *é* fermé à l'avant-dernière syllabe de l'infinitif ?

Les verbes qui ont un *e* muet ou un *é* fermé à l'avant-dernière syllabe de l'infinitif, comme *semer*, *céder*, changent cet *e* muet, ou cet *é* fermé, en *è* ouvert, quand la syllabe suivante est muette : *je sème, tu cèdes*, etc.

150. Quels sont les verbes exceptés ?

Excepté les verbes en *éger*, qui conservent l'é fermé : *j'abrége, tu protéges*, etc.

151. Que savez-vous sur les verbes en *eler* ou *eter* ?

Les verbes en *eler* ou *eter* prennent deux *l*, ou deux *t*, quand la syllabe qui suit est muette : *j'appelle, tu jettes*, etc.

152. Quelle observation faites-vous sur les verbes en *ier* ?

Les verbes en *ier*, comme *lier*, *prier*, prennent deux *i* de suite aux deux premières personnes plurielles de l'imparfait de l'indicatif et du présent du subjonctif : *nous liions, vous priiez, que nous liions, que vous priiez.*

22° EXERCICE. *Conjuguez quelques-uns des verbes suivants :*

Verbes en CER. Annoncer, avancer, bercer, balancer, devancer, effacer, enfoncer, énoncer, évincer, exaucer, exercer, forcer, glacer, lancer, menacer, percer, pincer, placer, remplacer, renoncer.

Verbes en GER. Abréger, affliger, allonger, arranger, changer, charger, corriger, dégager, déloger, déménager, déranger, diriger, échanger, engager, gager, interroger, juger, loger, manger.

Verbes qui ont un E muet ou un É fermé à l'av.-dern. syll. de l'inf. Achever, amener, élever, enlever, lever, soulever, peser, empeser, semer, mener, promener, accélérer, adhérer, altérer, conférer, digérer, espérer, gérer, insérer, modérer, prospérer, révérer, tolérer.

Verbes en ELER ou ETER. Amonceler, appeler, atteler, bourreler, ciseler, dételer, geler, harceler, interpeler, niveler, peler, rappeler, acheter, caqueter, cacheter, décacheter, empaqueter, jeter.

153. Que remarquez-vous sur les verbes en *yer*?

Les verbes en *yer*, comme *payer*, *ployer*, prennent un *y* et un *i* aux deux premières personnes plurielles de l'imparfait de l'indicatif et du présent du subjonctif : *nous payions, vous ployiez, que nous payions, que vous ployiez.*

154. Quand l'*y* se change-t-il en *i*?

Dans ces verbes l'*y* se change en *i* devant un *e* muet : *je paie, tu paies,* etc.

155. A quels verbes sont encore applicables ces trois dernières observations?

Ces trois dernières observations sont applicables à tous les verbes qui ont le participe présent en *iant* ou en *yant*, comme *rire, croire,* qui font *riant, croyant : que nous riions, que vous croyiez, qu'ils croient.*

156. Que savez-vous sur le verbe *haïr*?

Le verbe *haïr* perd le tréma aux trois personnes singulières du présent de l'indicatif : *je hais, tu hais, il hait,* et à la seconde de l'impératif : *hais.*

157. Que remarquez-vous sur le verbe *bénir*?

Le verbe *bénir* a deux participes passés : *bénit, bénite,* qui signifie *consacré,* et *béni, bénie,* pour toutes les autres acceptions : *du pain bénit, de l'eau bénite; un peuple béni, une famille bénie.*

158. Que savez-vous sur les verbes *devoir* et *redevoir*?

Les verbes *devoir* et *redevoir* prennent un accent circonflexe au participe passé masculin singulier : *dû, redû.*

159. Quelles observations avez-vous à faire sur les verbes en *indre* et en *soudre*?

Les verbes en *indre* et en *soudre* s'écrivent sans *d* aux trois personnes singulières du présent de l'indicatif : *je crains, tu crains, il craint; je résous, tu résous, il résout.*

23ᵉ EXERCICE. *Conjuguez quelques-uns des verbes suivants :*

Verbes en IER. Allier, amplifier, approprier, associer, calomnier, certifier, châtier, confier, communier, contrarier, copier, crier, dédier, édifier, envier, épier, étudier, expédier, expier, lier, mendier, multiplier, négocier, obvier, oublier, plier, prier, publier, remercier.

Verbes en YER. Appuyer, deblayer, enrayer, essuyer, essayer, ennuyer, balayer, bégayer, délayer, effrayer, étayer, frayer, payer, rayer, broyer, côtoyer, employer, envoyer, nettoyer, noyer, soudoyer, tutoyer, verdoyer.

Verbes en INDRE et en SOUDRE. Atteindre, contraindre, craindre, enfreindre, éteindre, feindre, peindre, plaindre, restreindre, teindre, absoudre, dissoudre, résoudre.

Des Temps primitifs.

160. Qu'appelle-t-on *temps primitifs*?

161. Combien y a-t-il de temps primitifs?

On appelle *temps primitifs* d'un verbe ceux qui servent à former les autres temps.

Il y a cinq temps primitifs, savoir : le *présent de l'infinitif*, le *participe présent*, le *participe passé*, le *présent de l'indicatif* et le *passé défini de l'indicatif*.

TABLEAU DES TEMPS PRIMITIFS.

	PRÉSENT DE L'INFINITIF.	PARTICIPE PRÉSENT.	PARTICIPE PASSÉ.	PRÉSENT DE L'INDICATIF.	PASSÉ DÉFINI DE L'INDICATIF.
PREMIÈRE CONJUGAISON.	Aimer.	Aimant.	Aimé.	J'aime.	J'aimai.
SECONDE CONJUGAISON.	Finir. Sentir. Ouvrir. Tenir.	Finissant. Sentant. Ouvrant. Tenant.	Fini. Senti. Ouvert. Tenu.	Je finis. Je sens. J'ouvre. Je tiens.	Je finis. Je sens. J'ouvre. Je tiens.
TROISIÈME CONJUGAISON.	Recevoir	Recevant.	Reçu.	Je reçois	Je reçus.
QUATRIÈME CONJUGAISON.	Rendre. Plaire. Paraître. Réduire. Plaindre.	Rendant. Plaisant. Paraissant. Réduisant. Plaignant.	Rendu. Plu. Paru. Réduit. Plaint.	Je rends. Je plais. Je parais. Je réduis. Je plains	Je rendis. Je plus. Je parus. Je réduisis. Je plaignis.

24ᵉ EXERCICE. *Donnez les temps primitifs des verbes suivants :*

Iʳᵉ *Conjugaison.* Aimer, chanter, danser, estimer, frapper, gronder, habiter, laver, marcher, nouer, orner, parler, rentrer, sauter, saluer, jouer, louer, vouer, avouer, secouer, continuer, éternuer.

IIᵉ *Conjugaison.* Finir, avertir, choisir, moisir, ravir, enrichir, guérir, nourrir, applaudir, bannir, embellir, remplir, sentir, dormir, endormir, mentir, servir, sortir, partir, ouvrir, couvrir, soutenir.

IIIᵉ *Conjugaison.* Recevoir, concevoir, apercevoir, percevoir, devoir.

IVᵉ *Conjugaison.* Rendre, pondre, tendre, fendre, apprendre, comprendre, fondre, répondre, répandre, perdre, mordre, rompre, plaire, complaire, paraître, apparaître, réduire, séduire, craindre, feindre, ceindre, enfreindre, restreindre.

Formation des temps dérivés.

162. Qu'appelle-t-on *temps dérivés ?*

On appelle *temps dérivés* ceux qui se forment des temps primitifs.

163. Quel temps se forme du *présent de l'indicatif ?*

I. Du *présent de l'indicatif* se forme l'impératif, en ôtant seulement le pronom *je :* j'aime, aime; je finis, finis; je reçois, reçois; je rends, rends.

164. Quels sont les verbes exceptés ?

Excepté quatre verbes : *je suis,* impératif *sois; j'ai,* impératif *aie; je vais,* impératif *va; je sais,* impératif *sache.*

165. Quel temps se forme du *passé défini ?*

II. Du *passé défini* se forme l'*imparfait du subjonctif,* en changeant *ai* en *asse* pour la première conjugaison : *j'aimai, que j'aimasse;* et en ajoutant *se* pour les trois autres conjugaisons : *je finis, je finisse; je reçus, je reçusse; je rendis, je rendisse.*

166. Quel temps forme-t-on du *présent de l'infinitif ?*

III. Du *présent de l'infinitif* on forme : 1° le *futur de l'indicatif,* en changeant *r* ou *re* en *rai* : *aimer, j'aimerai; finir, je finirai; rendre, je rendrai.*

167. Quelles sont les exceptions de la 1ʳᵉ conjugaison ?

EXCEPTIONS. 1ʳᵉ conjugaison. *Aller,* futur *j'irai; envoyer,* futur *j'enverrai.*

168. Quelles sont les exceptions de la 2ᵉ conjugaison ?

2ᵉ Conjugaison. *Tenir,* futur *je tiendrai; venir, je viendrai; courir, je courrai; cueillir, je cueillerai; mourir, je mourrai; acquérir, j'acquerrai.*

25ᵉ EXERCICE. *Conjuguez les verbes suivants aux temps indiqués :*

Impératif. Allouer, adorer, approcher, travailler, trouver, creuser, faucher, soigner, ensevelir, réunir, pétrir, saisir, ralentir, polir, apercevoir, concevoir, recevoir, vendre, suspendre, entendre, paraître, dépeindre, craindre, être, avoir, aller, savoir.

Imparfait du subjonctif. Avouer, suer, louer, nouer, statuer, bénir, ouvrir, blanchir, souffrir, cueillir, couvrir, accueillir, engloutir, devoir, percevoir, revoir, prétendre, repeindre, contraindre, abstreindre.

Futur de l'indicatif. Honorer, saluer, jouer, respecter, manquer, envier, appuyer, créer, agréer, amollir, fléchir, bondir, salir, rejaillir, recevoir, apercevoir, concevoir, aller, envoyer, revendre, corrompre, surprendre, plaindre, venir, appartenir, revenir, courir, cueillir, mourir, acquérir, soutenir, réduire, paraître, feindre, plaire, ceindre, mordre, perdre, répondre, recevoir, savoir, s'asseoir, voir, vouloir, valoir, falloir, pleuvoir.

169. Quelles sont celles de la 3ᵉ conjugaison ?

3ᵉ Conjugaison. *Recevoir*, futur *je recevrai; avoir, j'aurai; échoir, j'écherrai; pouvoir, je pourrai; savoir, je saurai; s'asseoir, je m'assierai, ou je m'assiérai; voir, je verrai; vouloir, je voudrai; valoir, je vaudrai; falloir, il faudra; pleuvoir, il pleuvra.*

170. Quelles sont celles de la 4ᵉ ?

4ᵉ Conjugaison. *Faire*, futur *je ferai; être, je serai.*

171. Quel temps forme-t-on du *futur* ?

2° Du *futur* on forme le *conditionnel présent*, en changeant *rai* en *rais*, sans exception : *j'aimerai*, conditionnel *j'aimerais ; je finirai, je finirais; je recevrai, je recevrais; je rendrai, je rendrais.*

172. Quel temps forme-t-on du *participe présent* ?

IV. Du *participe présent* on forme : 1° *l'imparfait de l'indicatif*, en changeant *ant* en *ais* : *aimant*, imparfait *j'aimais; finissant, je finissais ; recevant, je recevais ; rendant, je rendais.*

173. Quelles sont les exceptions ?

Il y a deux exceptions : *ayant, j'avais; sachant, je savais.*

174. Que forme-t-on encore du même participe ?

2° Du même participe on forme la *première personne plurielle du présent de l'indicatif*, en changeant *ant* en *ons* : *aimant, nous aimons; finissant, nous finissons; recevant, nous recevons ; rendant, nous rendons.*

175. Dites les exceptions.

Excepté : *étant, nous sommes; ayant, nous avons; sachant, nous savons.*

176. Qu'en forme-t-on aussi ?

On forme aussi la *seconde personne plurielle* en *ez* : *vous aimez, vous finissez, vous recevez, vous rendez.*

26ᵉ EXERCICE. *Conjuguez les verbes suivants aux temps indiqués.*

Cond. prés. Accentuer, affliger, bercer, diminuer, aller, envoyer, tenir, maintenir, venir, cueillir, acquérir, apercevoir, s'asseoir, voir, vouloir, falloir, pleuvoir, réduire.

Imp. de l'ind. Amplifier, payer, ployer, multiplier, nager, venger, agréer, corriger, amortir, choisir, revenir, bondir, decevoir, recevoir, tordre, perdre, savoir, avoir, être, lire, secouer, défrayer.

Prés. de l'ind. Avancer, avouer, appuyer, balancer, suppléer, ménager, partager, avertir, bâtir, blanchir, sentir, mentir, sortir, haïr, rajeunir, recevoir, apercevoir, être, avoir, savoir, peindre, établir, trahir, exercer, défendre, craindre, plaindre, réduire, faire, dire.

177. Dites les exceptions.

Excepté : *faisant, vous faites; disant, vous dites.*

178. Qu'en forme-t-on encore ?

Et la *troisième personne* en *ent* : *ils aiment, ils finissent,* etc.

179. Quel temps forme-t-on du même participe présent ?

3° Du même participe présent on forme le *présent du subjonctif*, en changeant *ant* en *e* muet : *aimant, que j'aime; finissant, que je finisse; rendant, que je rende.*

180. Quelle est l'exception de la 1re conjugaison ?

EXCEPTIONS. 1re Conjugaison. *Allant, que j'aille.*

181. Quelles sont celles de la 2e ?

2e Conjugaison. *Tenant, que je tienne; venant, que je vienne; acquérant, que j'acquière; mourant, que je meure.*

182. Dites celles de la 3e conjugaison.

3e Conjugaison. *Recevant, que je reçoive; devant, que je doive; pouvant, que je puisse; valant, que je vaille; voulant, que je veuille; mouvant, que je meuve; fallant* (inusité), *qu'il faille.*

183. Dites aussi celles de la 4e.

4e Conjugaison. *Buvant, que je boive; faisant, que je fasse; étant, que je sois.*

184. Quels sont les temps que l'on forme du *participe passé* ?

V. Du *participe passé* on forme tous les temps composés, en y joignant les temps des verbes auxiliaires *avoir, être;* comme *j'ai aimé, j'ai fini, j'ai reçu, j'ai rendu; j'avais aimé, j'avais fini, j'avais reçu, j'avais rendu; que j'eusse aimé, que j'eusse fini, que j'eusse reçu, que j'eusse rendu;* etc.

27e EXERCICE. *Conjuguez les verbes suivants aux temps indiqués.*

Prés. du subj. Allouer, affliger, remuer, destituer, crier, scier, payer, vieillir, servir, régir, unir, devoir, percevoir, répondre, suspendre, défendre, craindre, plaindre, feindre, mouvoir, boire, faire, être.

Passé ind. Penser, manger, punir, enrichir, avilir, plaindre, recevoir.

Passé ant. Approuver, plier, flétrir, démolir, décevoir, enfreindre.

Pl.-que-parf. Employer, tournoyer, garantir, mentir, apercevoir.

Fut. ant. Ennuyer, envoyer, menacer, arrondir, concevoir, joindre.

Passé du cond. Epier, atténuer, servir, engloutir, percevoir, louer.

2e Passé du cond. Allier, avancer, pourrir, joindre, abstreindre.

Passé du subj. Coudoyer, remuer, garnir, pâlir, rompre, descendre.

Pl.-que-parf. du subj. Adhérer, amener, fournir, affaiblir, concevoir.

Passé de l'inf. Susciter, suivre, croître, croire, maudire, s'endormir.

Part. pas. (2e *forme*). Bercer, jouir, savoir, entreprendre, lire.

Verbes irréguliers.

185. Qu'appelle-t-on *verbes irréguliers ?*

On appelle *irréguliers* les verbes qui ne suivent pas toujours la règle générale des conjugaisons.

186. Qu'est-ce que les *verbes défectifs ?*

Plusieurs de ces verbes ne sont pas usités à certains temps et à certaines personnes, on les appelle des verbes *défectifs.*

TEMPS PRIMITIFS DES VERBES IRRÉGULIERS.

PRÉSENT DE L'INFINITIF.	PARTICIPE PRÉSENT.	PARTICIPE PASSÉ.	PRÉSENT DE L'INDICATIF.	PASSÉ DÉFINI DE L'INDICATIF.
PREMIÈRE CONJUGAISON.				
Aller.	Allant.	Allé.	Je vais.	J'allai.
Envoyer.	Envoyant.	Envoyé.	J'envoie.	J'envoyai.
SECONDE CONJUGAISON.				
Courir.	Courant.	Couru.	Je cours.	Je courus.
Cueillir.	Cueillant.	Cueilli.	Je cueille.	Je cueillis.
Fuir.	Fuyant.	Fui.	Je fuis.	Je fuis.
Mourir.	Mourant.	Mort.	Je meurs.	Je mourus.
Faillir.	Faillant.	Failli.	Je faux.	Je faillis.
Acquérir.	Acquérant.	Acquis.	J'acquiers.	J'acquis.
Saillir.	Saillant.	Sailli.	Il saille.	Il saillit.
Tressaillir.	Tressaillant.	Tressailli.	Je tressaille.	Je tressaillis.
Vêtir.	Vêtant.	Vêtu.	Je vêts.	Je vêtis.
TROISIÈME CONJUGAISON.				
Choir.				
Déchoir.		Déchu.	Je déchois.	Je déchus.
Echoir.	Échéant.	Échu.	Il échet.	J'échus.
Falloir.		Fallu.	Il faut.	Il fallut.
Mouvoir.	Mouvant.	Mu.	Je meus.	Je mus.
Pleuvoir.	Pleuvant.	Plu.	Il pleut.	Il plut.
Pouvoir.	Pouvant.	Pu.	Je puis.	Je pus.
Savoir.	Sachant.	Su.	Je sais.	Je sus.
S'asseoir.	S'asseyant.	Assis.	Je m'assieds.	Je m'assis.
Surseoir.		Sursis.	Je surseois.	Je sursis.
Valoir.	Valant.	Valu.	Je vaux.	Je valus.
Voir.	Voyant.	Vu.	Je vois.	Je vis.
Pourvoir.	Pourvoyant.	Pourvu.	Je pourvois.	Je pourvus.
Vouloir.	Voulant.	Voulu.	Je veux.	Je voulus.

QUATRIÈME CONJUGAISON.

PRÉSENT DE L'INFINITIF.	PARTICIPE PRÉSENT.	PARTICIPE PASSÉ.	PRÉSENT DE L'INDICATIF.	PASSÉ DÉFINI DE L'INDICATIF.
Battre.	Battant.	Battu.	Je bats.	Je battis.
Boire.	Buvant.	Bu.	Je bois.	Je bus.
Braire.			Il brait.	
Bruire.	Bruyant.			
Circoncire.		Circoncis.	Je circoncis.	Je circoncis,
Clore.		Clos.	Je clos.	
Conclure.	Concluant.	Conclu.	Je conclus.	Je conclus.
Confire.		Confit.	Je confis.	Je confis.
Coudre.	Cousant.	Cousu.	Je couds.	Je cousis.
Croire.	Croyant.	Cru.	Je crois.	Je crus.
Dire.	Disant.	Dit.	Je dis.	Je dis.
Maudire.	Maudissant.	Maudit.	Je maudis.	Je maudis.
Ecrire.	Écrivant.	Ecrit.	J'écris.	J'écrivis.
Exclure.	Excluant.	Exclus.	J'exclus.	J'exclus.
Faire.	Faisant.	Fait.	Je fais.	Je fis.
Prendre.	Prenant.	Pris.	Je prends.	Je pris.
Lire.	Lisant.	Lu.	Je lis.	Je lus.
Luire.	Luisant.	Lui.	Je luis.	
Mettre.	Mettant.	Mis.	Je mets.	Je mis.
Moudre.	Moulant.	Moulu.	Je mouds.	Je moulus.
Naître.	Naissant.	Né.	Je nais.	Je naquis.
Nuire.	Nuisant.	Nui.	Je nuis.	Je nuisis.
Rire.	Riant.	Ri.	Je ris.	Je ris.
Rompre.	Rompant.	Rompu.	Je romps.	Je rompis.
Absoudre.	Absolvant.	Absous.	J'absous.	
Résoudre.	Résolvant.	Résous, Résolu.	Je résous.	Je résolus.
Suffire.	Suffisant.	Suffi.	Je suffis.	Je suffis.
Suivre.	Suivant.	Suivi.	Je suis.	Je suivis.
Traire.	Trayant.	Trait.	Je trais.	
Vaincre.	Vainquant.	Vaincu.	Je vaincs.	Je vainquis.
Vivre.	Vivant.	Vécu.	Je vis.	Je vécus.

Nous ne marquons pas les verbes *composés*, parce qu'ils suivent la conjugaison de leurs *simples* : par exemple, les composés *admettre*, *promettre*, etc., se conjuguent comme le verbe simple *mettre*.

Au moyen de cette table et des règles que nous avons données sur la formation des temps, il n'y a point de verbe qu'on ne puisse conjuguer.

AVIS. Les élèves devront apprendre par cœur les temps primitifs des verbes irréguliers. Ils conjugueront ensuite ces verbes en entier, oralement et par écrit, jusqu'à ce qu'ils en possèdent bien l'orthographe.

Du Sujet du verbe et du Complément.

187. Qu'est - ce que le *sujet* ou *nominatif* d'un verbe?	On appelle *sujet* ou *nominatif* d'un verbe ce qui est ou ce qui fait la chose exprimée par ce verbe.
188. Comment trouve-t-on le sujet?	On trouve le sujet en mettant *qui est-ce qui* devant le verbe. La réponse à cette question fait connaître le sujet.
189. Donnez des exemples.	Quand je dis : *l'enfant est sage;* qui est-ce qui est sage? *L'enfant :* voilà le sujet du verbe *est. Le lièvre court;* qui est-ce qui court? *Le lièvre :* voilà le sujet du verbe *court.*
190. Qu'est - ce que le *complément?*	Le *complément* est le mot qui complète l'idée exprimée par le verbe.
191. Combien y a-t-il de sortes de compléments?	Il y a deux sortes de compléments : le *complément direct* et le *complément indirect.*
192. Qu'est - ce que le *complément direct?*	Le *complément direct* est celui qui répond à la question *qui?* ou *quoi? J'aime Dieu.* J'aime qui? *Dieu : Dieu* est le complément direct de *aime.*
193. Comment est marqué le *complément indirect?*	Le *complément indirect* est marqué par les mots *à, de, par, pour, dans, avec,* etc. : *aller à Paris, venir de Marseille, passer par Bordeaux;* les mots *Paris, Marseille, Bordeaux* sont les compléments indirects des verbes *aller, venir, passer.*

28° EXERCICE. *Distinguez le sujet et les deux sortes de compléments.*

Le soleil éclaire le monde. La terre tourne sur son axe. Dieu bénit celui qui l'invoque. Les cieux instruisent la terre. La réflexion augmente l'intelligence. La première croisade fut prêchée par Pierre l'Ermite. François 1er fut fait prisonnier à Pavie. La Providence n'abandonne pas le malheureux. Devant l'Être éternel tous les peuples s'abaissent; toutes les nations en tremblant le confessent. Pharaon voulut poursuivre les Israélites et fut noyé dans la Mer Rouge. Nous nous pardonnons tout, et nous ne pardonnons rien aux autres. La mort ne surprend point le sage. La mémoire se développe par l'exercice. Pour les cœurs corrompus l'amitié n'est point faite. Dieu a créé le monde par sa puissance, et il le conserve par sa bonté. Colomb découvrit l'Amérique en l'année 1492.

Accord du verbe avec son sujet.

RÈGLE.

194. Quelle est la règle d'accord du verbe?	Tout verbe doit être du même nombre et de la même personne que son sujet.
195. Donnez un exemple.	Quand je dis : *je parle, parle* et du nombre singulier et de la première personne, parce que *je*, son sujet, est du singulier et de la première personne.
196. Donnez un autre exemple.	Si je dis : *vous parlez tous deux, parlez* est au nombre pluriel et de la seconde personne parce que *vous* est au nombre pluriel et de la seconde personne.
197. A quel nombre se met le verbe lorsqu'il a deux sujets singuliers?	Iʳᵉ REMARQUE. Quand un verbe a deux sujets singuliers, on met ce verbe au pluriel. Exemple : *Mon frère et ma sœur lisent.*
198. A quelle personne met-on le verbe lorsque les sujets sont de différentes personnes?	IIᵉ REMARQUE. Quand les deux sujets sont de différentes personnes, on met le verbe à la plus noble personne : la première est plus noble que la seconde, la seconde est plus noble que la troisième : *vous et moi nous lisons, vous et votre frère vous lisez.*
199. Qu'exige la politesse française?	(La politesse française exige qu'on nomme d'abord la personne à qui l'on parle, et qu'on se nomme le dernier.)

29ᵉ EXERCICE. *Dites pourquoi les verbes sont au sing. ou au plur., à la première, à la seconde ou à la troisième personne.*

Le laboureur rentre avec sa charrue; et les bœufs fatigués marchent d'un pas lent et tardif, malgré l'aiguillon qui les presse. Tous les maux du travail finissent avec la journée. Tous les hommes recherchent le bonheur : cela est sans exception. Quelques différents moyens qu'ils y emploient, ils tendent tous au même but. Ni l'or ni la grandeur ne nous rendent heureux. La géographie et la chronologie sont les deux yeux de l'histoire. Nous ne croyons le mal que lorsqu'il est venu. Le chêne un jour dit au roseau : Vous avez bien sujet d'accuser la nature. Les délicats sont malheureux : rien ne saurait les satisfaire. La vie et la mort sont entre les mains de Dieu. Toi et ton frère serez punis, si vous ne travaillez pas. Pénélope et moi avons perdu l'espoir de revoir Ulysse. Vous et moi sommes satisfaits. Les flatteurs trompent ceux qui les écoutent.

Différentes sortes de verbes.

200. Combien distingue-t-on de sortes de verbes ?
Outre le verbe *être*, qu'on appelle *verbe substantif*, on distingue cinq sortes de verbes : le verbe *actif*, le verbe *passif*, le verbe *neutre*, le verbe *réfléchi* et le verbe *impersonnel*.

201. Qu'est-ce que le *verbe actif* ?
Le *verbe actif* est celui après lequel on peut mettre *quelqu'un* ou *quelque chose*. *Aimer* est un verbe actif, parce qu'on peut dire *aimer quelqu'un*; *finir* est un verbe actif, parce qu'on peut dire *finir quelque chose*.

202. Qu'est-ce que le *verbe passif* ?
Le *verbe passif* se forme du verbe actif dont on prend le complément direct pour en faire le sujet du verbe passif. Ainsi, pour tourner par le passif cette phrase : *le chat mange la souris*, dites : *la souris est mangée par le chat*.

203. Qu'est-ce que le *verbe neutre* ?
Le *verbe neutre* est celui après lequel on ne peut pas mettre *quelqu'un* ni *quelque chose* : *languir*, *dormir* sont des verbes neutres, parce qu'on ne peut pas dire *languir quelqu'un*, *dormir quelque chose*.

204. Qu'est-ce que le *verbe réfléchi* ?
Le *verbe réfléchi* est celui dont le sujet et le complément sont la même personne, comme *je me flatte*, *tu te loues*, etc.

205. Qu'est-ce que le *verbe impersonnel* ?
Le *verbe impersonnel* ne s'emploie dans tous les temps qu'à la troisième personne du singulier, comme *il faut*, *il importe*, etc.

30ᵉ EXERCICE. *Distinguez les différentes sortes de verbes, en disant:*
Vous vous plaignez est un v. réfl., parce que le suj. et le compl. sont la même pers.

Vous vous plaignez, mon cher Théophile, de ne pas comprendre votre leçon. Cela vient, sans doute, de ce que vous avez oublié ce qui précède, ou bien encore de ce que vous voulez apprendre trop vite, et tout à la fois. Prenez une question l'une après l'autre, méditez-en attentivement la réponse, lisez avec soin les exemples; ne vous pressez pas. Si malgré vos efforts, vous n'avez pu réussir, demandez au maître une explication, qui, vous le savez, ne vous est jamais refusée. L'élève qui se conduit ainsi, n'est jamais puni; au contraire, il est aimé, chéri de ses parents et de ses maîtres. Il importe que vous suiviez les conseils que je vous donne; ils me sont inspirés par l'intérêt que je vous porte et dont vous n'avez pas cessé un seul instant d'être digne.

Analysez les verbes d'après le modèle n° 5.

CONJUGAISON DES VERBES PASSIFS.

206. Comment se conjuguent les verbes passifs ?

Il n'y a qu'une seule conjugaison pour les *verbes passifs* ; elle se fait avec l'auxiliaire *être* dans tous les temps, et le participe passé du verbe qu'on veut conjuguer.

MODE INDICATIF.

TEMPS PRÉSENT.

Je suis aimé, *ou* aimée.
Tu es aimé, *ou* aimée.
Il est aimé, *ou* elle est aimée.
Nous sommes aimés, *ou* aimées.
Vous êtes aimés, *ou* aimées.
Ils sont aimés, *ou* elles sont aimées.

IMPARFAIT.

J'étais aimé, *ou* aimée.
Tu étais aimé, *ou* aimée.
Il était aimé, *ou* elle était aimée.
Nous étions aimés, *ou* aimées.
Vous étiez aimés, *ou* aimées.
Ils étaient aimés, *ou* elles étaient aimées.

PASSÉ DÉFINI.

Je fus aimé, *ou* aimée.
Tu fus aimé, *ou* aimée.
Il fut aimé, *ou* elle fut aimée.
Nous fûmes aimés, *ou* aimées.
Vous fûtes aimés, *ou* aimées.
Ils furent aimés, *ou* elles furent aimees.

PASSÉ INDÉFINI.

J'ai été aimé, *ou* aimée.
Tu as été aimé, *ou* aimée.
Il a été aimé, *ou* elle a été aimée.
Nous avons été aimés, *ou* aimées.
Vous avez été aimés, *ou* aimées.
Ils ont été aimés, *ou* elles ont été aimées.

PASSÉ ANTÉRIEUR.

J'eus été aimé, *ou* aimée.
Tu eus été aimé, *ou* aimée.
Il eut été aimé, *ou* elle eut été aimée.
Nous eûmes été aimés, *ou* aimées.
Vous eûtes été aimés, *ou* aimées.
Ils eurent été aimes, *ou* elles eurent été aimées.

PLUS-QUE-PARFAIT.

J'avais été aimé, *ou* aimée.
Tu avais été aimé, *ou* aimée.
Il avait été aimé, *ou* elle avait été aimée.
Nous avions été aimés, *ou* aimées.
Vous aviez été aimés, *ou* aimees.
Ils avaient été aimés, *ou* elles avaient été aimées.

FUTUR SIMPLE.

Je serai aimé, *ou* aimée.
Tu seras aimé, *ou* aimée.
Il sera aimé, *ou* elle sera aimée.
Nous serons aimés, *ou* aimées.
Vous serez aimés, *ou* aimées.
Ils seront aimés, *ou* elles seront aimées.

FUTUR PASSÉ.

J'aurai été aimée, *ou* aimée.
Tu auras été aimé, *ou* aimée.
Il aura été aimé, *ou* elle aura été aimée.
Nous aurons été aimés, *ou* aimées.
Vous aurez été aimés, *ou* aimées.
Ils auront été aimés, *ou* elles auront été aimées.

CONDITIONNEL.

PRÉSENT OU FUTUR.

Je serais aimé, *ou* aimée.
Tu serais aimé, *ou* aimée.
Il serait aimé, *ou* elle serait aimée.
Nous serions aimés, *ou* aimées.
Vous seriez aimés, *ou* aimées.
Ils seraient aimés, *ou* elles seraient aimées.

PASSÉ.

J'aurais été aimé, *ou* aimée.
Tu aurais été aimé, *ou* aimée.
Il aurait été aimé, *ou* elle aurait été aimée.
Nous aurions été aimés, *ou* aimées.
Vous auriez été aimés, *ou* aimées.
Ils auraient été aimés, *ou* elles auraient été aimées.

On dit aussi :

J'eusse été aimé, ou aimée.
Tu eusses été aimé, ou aimée.
Il eût été aimé, ou elle eût été aimée.
Nous eussions été aimés, ou aimées.
Vous eussiez été aimés, ou aimées.
Ils eussent été aimés , ou elles eussent été aimées.

IMPÉRATIF.

Point de 1ʳᵉ personne du sing. ni de 3° pour les 2 nombres.

Sois aimé, *ou* aimée.
Soyons aimés, *ou* aimées.
Soyez aimés, *ou* aimées.

SUBJONCTIF.

PRÉSENT OU FUTUR.

Que je sois aimé, *ou* aimée.
Que tu sois aimé, *ou* aimée.
Qu'il soit aimé, *ou* qu'elle soit aimée.
Que nous soyons aimés, *ou* aimées.
Que vous soyez aimés, *ou* aimées.
Qu'ils soient aimés , *ou* qu'elles soient aimées.

IMPARFAIT.

Que je fusse aimé, *ou* aimée.
Que tu fusses aimé, *ou* aimée.
Qu'il fût aimé, *ou* qu'elle fût aimée.
Que nous fussions aimés, *ou* aimées.
Que vous fussiez aimés, *ou* aimées.
Qu'ils fussent aimés, *ou* qu'elles fussent aimées.

PASSÉ.

Que j'aie été aimé, *ou* aimée.
Que tu aies été aimé, *ou* aimée.
Qu'il ait été aimé, *ou* qu'elle ait été aimée.
Que nous ayons été aimés, *ou* aimées.
Que vous ayez été aimés, *ou* aimées.
Qu'ils aient été aimés, *ou* qu'elles aient été aimées.

PLUS-QUE-PARFAIT.

Que j'eusse été aimé, *ou* aimée.
Que tu eusses été aimé, *ou* aimée.
Qu'il eût été aimé, *ou* qu'elle eût été aimée.
Que nous eussions été aimés, *ou* aimées.
Que vous eussiez été aimés, *ou* aimées.
Qu'ils eussent été aimés, *ou* qu'elles eussent été aimées.

INFINITIF.

PRÉSENT.

Être aimé, *ou* aimée.

PASSÉ.

Avoir été aimé, *ou* aimée.

PARTICIPE.

PRÉSENT.

Étant aimé, *ou* aimée.

PASSÉ.

Ayant été aimé, *ou* aimée.

Ainsi se conjuguent *être fini, être reçu, être rendu,* etc.

Compléments des verbes passifs.

207. Que met-on devant le nom ou pronom qui suit le verbe passif ?

RÈGLE. On met *de* ou *par* devant le nom ou pronom qui suit le verbe passif : *La souris est mangée par le chat; un enfant sage est aimé de ses parents.*

208. Dans quel cas ne peut-on employer *par* ?

REMARQUE. N'employez jamais *par* avec le nom *Dieu*, dites : *Les méchants seront punis de Dieu*, et non pas *seront punis par Dieu.*

CONJUGAISON DES VERBES NEUTRES.

209. Comment se conjuguent les verbes neutres ?

La plupart des *verbes neutres* se conjuguent, comme les verbes actifs, avec l'auxiliaire *avoir* : *je dors, j'ai dormi, j'avais dormi, j'aurai dormi,* etc.

210. N'y en a-t-il pas qui se conjuguent avec *être* ?

Mais il y a des verbes neutres qui se conjuguent avec l'auxiliaire *être,* comme *venir, arriver, tomber,* etc.

MODE INDICATIF.

TEMPS PRÉSENT.

Je tombe.
Tu tombes.
Il, *ou* elle tombe.
Nous tombons.
Vous tombez.
Ils, *ou* elles tombent.

IMPARFAIT.

Je tombais.
Tu tombais.
Il, *ou* elle tombait
Nous tombions.
Vous tombiez.
Ils, *ou* elles tombaient.

PASSÉ DÉFINI.

Je tombai.
Tu tombas.
Il, *ou* elle tomba.
Nous tombâmes.
Vous tombâtes
Ils, *ou* elles tombèrent.

PASSÉ INDÉFINI.

Je suis tombé, *ou* tombée.
Tu es tombé, *ou* tombée.
Il est tombé, *ou* elle est tombée.
Nous sommes tombés, *ou* tombées.
Vous êtes tombés, *ou* tombées.
Ils sont tombés, *ou* elles sont tombées.

PASSÉ ANTÉRIEUR.

Je fus tombé, *ou* tombée.
Tu fus tombé, *ou* tombée.
Il fut tombé, *ou* elle fut tombée.
Nous fûmes tombés, *ou* tombées.
Vous fûtes tombés, *ou* tombées.
Ils furent tombés, *ou* elles furent tombées.

PLUS-QUE-PARFAIT.

J'étais tombé, *ou* tombée
Tu étais tombé, *ou* tombée.
Il était tombé, *ou* elle était tombée.
Nous étions tombés, *ou* tombées.
Vous étiez tombés, *ou* tombees.
Ils étaient tombés, *ou* elles étaient tombées.

FUTUR SIMPLE.

Je tomberai.
Tu tomberas.
Il, *ou* elle tombera.
Nous tomberons.
Vous tomberez.
Ils, *ou* elles tomberont.

FUTUR PASSÉ.

Je serai tombé, *ou* tombée.
Tu seras tombé, *ou* tombée.
Il sera tombé, *ou* elle sera tombée.
Nous serons tombés, *ou* tombées.
Vous serez tombés, *ou* tombées.
Ils seront tombés, *ou* elles seront tombées.

CONDITIONNEL.

PRÉSENT OU FUTUR.

Je tomberais.
Tu tomberais.
Il, *ou* elle tomberait.
Nous tomberions.
Vous tomberiez.
Ils, *ou* elles tomberaient.

PASSÉ.

Je serais tombé, *ou* tombée.
Tu serais tombe, *ou* tombée.
Il serait tombé, *ou* elle serait tombée.
Nous serions tombés, *ou* tombées.
Vous seriez tombés, *ou* tombées.
Ils seraient tombés, *ou* elles seraient tombées.

On dit aussi :

Je fusse tombé, ou *tombée*.
Tu fusses tombé, ou *tombée*.
Il fût tombé, ou elle fût tombée.
Nous fussions tombés, ou tombées.
Vous fussiez tombés, ou *tombées*,
*Ils fussent tombés, ou elles fussent
tombées*.

IMPÉRATIF.

*Point de 1re personne du sing. ni
de 3e pour les 2 nombres.*

Tombe.
Tombons.
Tombez.

SUBJONCTIF.

PRÉSENT OU FUTUR.

Que je tombe.
Que tu tombes.
Qu'il, *ou* qu'elle tombe.
Que nous tombions.
Que vous tombiez.
Qu'ils, *ou* qu'elles tombent.

IMPARFAIT.

Que je tombasse.
Que tu tombasses.
Qu'il, *ou* qu'elle tombât.
Que nous tombassions.
Que vous tombassiez.
Qu'ils, *ou* qu'elles tombassent.

PASSÉ.

Que je sois tombé, *ou* tombée.

Que tu sois tombé, *ou* tombée.
Qu'il soit tombé, *ou* qu'elle soit
tombée.
Que nous soyons tombés, *ou* tombées.
Que vous soyez tombés, *ou* tombées.
Qu'ils soient tombés, *ou* qu'elles
soient tombées.

PLUS-QUE-PARFAIT.

Que je fusse tombé, *ou* tombée.
Que tu fusses tombé, *ou* tombée.
Qu'il fût tombé, *ou* qu'elle fût tom-
bée.
Que nous fussions tombé, *ou* tom-
bées.
Que vous fussiez tombés, *ou* tom-
bées.
Qu'ils fussent tombés, *ou* qu'elles
fussent tombées.

INFINITIF.

PRÉSENT.

Tomber.

PASSÉ.

Être tombé, *ou* tombée.

PARTICIPE.

PRÉSENT.

Tombant.

PASSÉ.

Tombé, tombée, étant tombé.

Conjuguez de même les verbes *aller, arriver, déchoir,
décéder, entrer, sortir, mourir, naître, partir, rester, descendre,
monter, passer, venir, et ses composés, devenir, survenir,
revenir, parvenir, etc.*

Complément des verbes neutres.

211. Quel complément ont les verbes neutres ?	Il y a des verbes neutres qui ont un complément. Ce complément est toujours un *complément indirect*.
212. Que met-on avant le complément du verbe neutre ?	RÈGLE. On met *à* ou *de* devant le nom ou pronom qui suit le verbe neutre : *nuire à la santé, médire de quelqu'un*.

CONJUGAISON DES VERBES RÉFLÉCHIS.

213. Comment se conjuguent les *verbes réfléchis?* — Les *verbes réfléchis* se conjuguent comme le verbe *tomber*, c'est-à-dire qu'ils prennent l'auxiliaire *être* aux temps composés. Nous ne donnons ici que les premières personnes.

MODE INDICATIF.

TEMPS PRÉSENT.

Je me repens.
Tu te repens.
Il, *ou* elle se repent.
Nous nous repentons.
Vous vous repentez.
Ils, *ou* elles se repentent.

IMPARFAIT.

Je me repentais, etc.

PASSÉ DÉFINI.

Je me repentis, etc.

PASSÉ INDÉFINI.

Je me suis repenti, *ou* repentie.

PASSÉ ANTÉRIEUR.

Je me fus repenti, *ou* repentie.

PLUS-QUE-PARFAIT.

Je m'étais repenti, *ou* repentie.

FUTUR SIMPLE.

Je me repentirai.

FUTUR PASSÉ.

Je me serai repenti, *ou* repentie.

CONDITIONNEL.

PRÉSENT OU FUTUR.

Je me repentirais.

PASSÉ.

Je me serais repenti, *ou* repentie.

On dit aussi :

Je me fusse repenti, ou *repentie.*

IMPÉRATIF.

Point de 1re personne du sing. ni de 3e pour les 2 nombres.

Repens-toi.
Repentons-nous.
Repentez-vous.

SUBJONCTIF.

PRÉSENT OU FUTUR.

Que je me repente.

IMPARFAIT.

Que je me repentisse.

PASSÉ.

Que je me sois repenti, *ou* repentie.

PLUS-QUE-PARFAIT.

Que je me fusse repenti, *ou* repentie.

INFINITIF.

PRÉSENT.

Se repentir.

PASSÉ.

S'être repenti, *ou* repentie.

PARTICIPE.

PRÉSENT.

Se repentant.

PASSÉ.

Repenti, s'étant repenti, *ou* repentie.

214. Que remarquez-vous sur *me, te, se, nous, vous?* — *Me, te, se, nous, vous,* sont *compléments directs* quand ils sont pour *moi, toi, soi, nous, vous;* ils sont *compléments indirects* quand ils sont pour *à moi, à toi, à soi, à nous, à vous.*

CONJUGAISON DES VERBES IMPERSONNELS.

215. Comment se conjuguent les verbes impersonnels? Les *verbes impersonnels* ne se conjuguent, comme nous l'avons dit, qu'à la troisième personne du singulier. A cette personne ils se conjuguent comme les autres verbes.

MODE INDICATIF.

TEMPS PRÉSENT.

Il faut.

IMPARFAIT.

Il fallait.

PASSÉ DÉFINI.

Il fallut.

PASSÉ INDÉFINI.

Il a fallu.

PASSÉ ANTÉRIEUR.

Il eut fallu.

PLUS-QUE-PARFAIT.

Il avait fallu.

FUTUR.

Il faudra.

FUTUR PASSÉ.

Il aura fallu.

CONDITIONNEL.

PRÉSENT.

Il faudrait.

PASSÉ.

Il aurait fallu.

SUBJONCTIF.

PRÉSENT OU FUTUR.

Qu'il faille.

IMPARFAIT.

Qu'il fallût.

PASSÉ.

Qu'il ait fallu.

PLUS-QUE-PARFAIT.

Qu'il eût fallu.

INFINITIF.

PRÉSENT.

Falloir.

PARTICIPE.

PASSÉ.

Ayant fallu.

216. Dans quel cas le mot *il* marque-t-il un verbe impersonnel? REMARQUE. Le mot *il* marque un verbe *impersonnel* lorsqu'on ne peut pas mettre un nom à sa place.

31° EXERCICE. *Conjuguez les verbes suivants :*

Verbes passifs. Etre estimé. Etre chéri. Etre reçu. Etre compris. Etre loué. Etre puni. Etre aperçu. Etre reconnu. Etre flatté.

Verbes neutres. Travailler (avec *avoir*). Venir (avec *être*). Marcher (avec *avoir*). Mourir (avec *être*). Parler (avec *avoir*). Partir (avec *être*).

Verbes réfléchis. Se flatter. Se haïr. Se mouvoir. Se nuire. Se venger. S'abrutir. S'asseoir. Se plaindre. S'exercer. S'enrichir.

Verbes impersonnels. Il pleut. Il neige. Il tonne. Il grêle. Il importe. Il résulte. Il convient. Il semble. Il y a. Il paraît. Il fait froid.

CHAPITRE VI.

Sixième espèce de mots.

LE PARTICIPE.

217. Qu'est-ce que le *participe*? *Le Participe* est un mot qui tient du verbe et de l'adjectif, comme *aimant, aimé.*

218. En quoi tient-il du verbe? Il tient du verbe en ce qu'il en a la signification et le complément : *aimant Dieu, aimé de Dieu.*

219. En quoi tient-il de l'adjectif? Il tient de l'adjectif en ce qu'il qualifie une personne ou une chose, c'est-à-dire qu'il en marque la qualité, comme *vieillard honoré, vertu éprouvée.*

220. Combien y a-t-il de sortes de participes? Il y a deux sortes de participes : le *participe présent* et le *participe passé.*

221. Qu'est-ce que le *participe présent*? Le *participe présent* est toujours terminé par *ant*, comme *aimant, finissant, recevant, rendant.*

222. Qu'est-ce que le *participe passé*? Le *participe passé* a diverses terminaisons, comme *aimé, fini, reçu, rendu.*

223. Qu'appelle-t-on *gérondif*? Ce qu'on appelle *gérondif* n'est autre chose que le participe présent, devant lequel on met le mot *en* : *les jeunes gens se forment l'esprit en lisant.*

32ᵉ EXERCICE. *Distinguez les participes, en disant :*

Éclairée est un participe, parce qu'il tient du verbe et de l'adjectif, etc.

J'aime à me représenter une classe bien éclairée, balayée avec soin, ornée de tableaux bien choisis et de cartes géographiques bien coloriées; un maître chéri, vénéré, unissant la douceur à la fermeté ; des élèves attentifs, récitant des leçons bien préparées, ou présentant des devoirs faits avec attention, s'occupant toujours, ne causant jamais entre eux, ayant des mains bien lavées, des cheveux bien peignés, des vêtements propres et point déchirés, une attitude modeste, recueillie, écoutant les observations qui leur sont présentées, les mettant en pratique, et rentrant chez leurs parents, heureux, satisfaits, plus instruits, et chaque jour mieux disposés à profiter des excellentes leçons qui leur sont données.

Analysez les participes d'après le modèle n° 6.

3

ACCORD DES PARTICIPES.

Participe présent.

224. Le participe présent varie-t-il ?

Le participe présent ne varie jamais, c'est-à-dire qu'il ne prend ni genre ni nombre : *un homme lisant, une femme lisant, des hommes lisant, des femmes lisant.*

225. Avec quoi ne faut-il pas confondre le participe présent ?

Il ne faut pas confondre avec le participe présent certains *adjectifs verbaux*, c'est-à-dire qui dérivent des verbes : *un homme obligeant, une femme obligeante.*

226. Que marque le participe présent ?

Le participe présent marque une action : *cette femme est d'un bon caractère, obligeant tout le monde quand elle peut* ; *obligeant* est ici *participe présent*, parce qu'il marque l'action d'*obliger.*

227. Que marque l'adjectif verbal ?

L'adjectif verbal, au contraire, marque l'état, la qualité, la manière d'être, et il s'accorde en genre et en nombre avec le mot qu'il qualifie : *un récit amusant, une histoire amusante.*

228. A quoi reconnaît-on qu'un mot est *adjectif verbal* ?

On reconnaît qu'un mot est *adjectif verbal* quand on peut le faire précéder de l'un des temps du verbe *être* précédé de *qui.* On peut dire : *un récit qui est amusant, une histoire qui est amusante.*

33ᵉ EXERCICE. *Donnez les motifs de la variabilité ou de l'invariabilité des mots en ant.*

Vos élèves sont charmants! Pendant la classe, je les vois étudiant avec ardeur, faisant leurs devoirs en silence, récitant leurs leçons ou écoutant les histoires intéressantes que vous leur racontez. En récréation, je les vois courant, sautant, causant amicalement, ou s'amusant entre eux sans se quereller. Quels visages riants! quelle gaieté retentissante! Leurs exercices bienfaisants remplissant le but que vous vous proposez, vous n'apportez aucune entrave à leurs jeux entraînants, ni à leur joie bruyante. Aussi se remettent-ils au travail, heureux, souriants, comprenant chaque jour de plus en plus combien il est important de travailler et de se conduire d'une manière satisfaisante.

Participe passé.

229. Quelle est la règle d'accord du participe employé sans auxiliaire ?

1re RÈGLE. Le participe passé employé sans auxiliaire s'accorde, comme l'adjectif, en genre et en nombre avec le mot qu'il qualifie : *une leçon apprise et récitée, des devoirs corrigés et recopiés.*

230. Quelle est celle du participe passé employé avec l'auxiliaire *être* ?

2e RÈGLE. Le participe passé employé avec l'auxiliaire *être* s'accorde toujours avec le sujet de ce verbe : *les talents sont estimés et recherchés.*

231. Avec quel mot s'accorde le participe passé conjugué avec l'auxiliaire *avoir* ?

3e RÈGLE. Le participe passé conjugué avec l'auxiliaire *avoir* s'accorde avec son complément direct lorsqu'il en est précédé : mais il reste invariable si ce complément est placé après, ou s'il n'en a pas : *voici les livres que vous m'aviez prêtés ; j'ai reçu votre lettre ; nous avons chanté.*

REMARQUES.

232. Comment s'écrit le participe passé des *verbes réfléchis* ?

1. Le participe passé des *verbes réfléchis* s'accorde avec son complément direct s'il en est précédé ; mais il reste invariable si le complément est placé après, ou s'il n'en a pas : *nous nous sommes flattés, elle s'est mis cela dans la tête, les fleurs se sont succédé.*

34e EXERCICE. *Donnez les motifs de la variabilité ou de l'invariabilité des participes.*

Ma sœur bien aimée,

J'ai reçu la lettre que vous m'avez écrite de Nevers. J'avais prévu les ennuis que vous avez éprouvés dans votre voyage, ainsi que ceux que vous a occasionnés le procès qu'on vous a intenté ; mais ne perdez pas courage. J'ai parlé aux juges en votre faveur, et je les ai facilement convaincus de l'excellence de votre cause. Ils ont été indignés de la conduite de votre adversaire et de ses prétentions erronées. Aussi, votre procès est-il, pour ainsi dire, gagné. Ne soyez donc plus si affligée, si désolée. Nous sommes tous ici complètement rassurés sur l'issue de votre affaire, qui, nous l'espérons, sera bientôt terminée.

Votre frère dévoué,

A. B.

233. Le participe passé des *verbes neutres* et des *verbes impersonnels* varie-t-il?

II. Le participe passé des *verbes neutres* et des *verbes impersonnels* est toujours invariable, car ces verbes n'ont point de complément direct. On écrira donc : *les heures qu'il a dormi, les années qu'il a vécu, les mauvaises saisons qu'il y a eu, les grands orages qu'il a fait.*

234. Comment s'écrit le participe passé suivi d'un *infinitif?*

III. Le participe passé suivi d'un *infinitif* s'accorde si son complément direct le précède; mais il reste invariable s'il a pour complément cet infinitif : *la personne que j'ai entendue lire, la lettre que j'ai entendu lire.*

On reconnaît que le participe s'accorde lorsque l'infinitif peut se changer en participe présent. On peut dire : *la personne que j'ai entendue lisant;* mais on ne peut pas dire : *la lettre que j'ai entendu lisant.*

235. Dans quel cas le participe passé suivi d'un infinitif s'accorde-t-il?

236. Comment s'écrit le participe précédé de *le peu?*

IV. Le participe précédé de *le peu* s'accorde, si le sens permet de supprimer *le peu;* mais il reste invariable si cette suppression ne peut avoir lieu : *le peu d'affection que vous lui avez témoignée lui a rendu le courage; le peu d'affection que vous lui avez témoigné l'a découragé.*

35ᵉ EXERCICE. *Donnez les motifs de la variabilité ou de l'invariabilité des participes.*

Vos élèves se sont livrés à l'étude avec ardeur, et en ont été récompensés. Ils ont beaucoup travaillé; et, malgré les difficultés qu'ils ont dû rencontrer, ils ne se sont pas découragés. Aussi le succès est-il venu couronner leurs efforts. Les épreuves qu'on leur a fait subir ont témoigné hautement de leurs progrès. On les a vus écrire sans faute une grande page qu'on leur avait dictée, et résoudre avec netteté et précision des questions embarrassantes qu'on leur avait posées. Les nôtres se sont attiré des reproches mérités par le peu d'application qu'ils ont apporté aux devoirs que nous leur avions donné à faire; ils n'ont nullement profité du peu de sacrifices que leurs parents ont déjà faits, et qu'ils auraient été décidés à continuer, si leurs enfants s'en étaient montrés dignes.

CHAPITRE VII.

Septième espèce de mots.

LA PRÉPOSITION.

237. Qu'est-ce que la *préposition* ?

La *Préposition* est un mot qui sert à joindre un nom ou un pronom au mot qui la précède.

238. Donnez-en un exemple.

Quand je dis, *le fruit de l'arbre, utile à l'homme*, les mots *de* et *à* qui unissent *arbre* et *homme* à *fruit* et à *utile* sont des prépositions.

239. Quelles sont les principales prépositions ?

Les principales prépositions sont :

A, de, en, dans, chez, devant, après, derrière, parmi, sur, sous, vers, avant, entre, dès, depuis, avec, pendant, durant, outre, selon, suivant, sans, hors, excepté, contre, malgré, nonobstant, envers, touchant, pour, par, moyennant, attendu, etc.

240. Qu'appelle-t-on *locution prépositive* ?

Une *locution prépositive* est un assemblage de mots qui font l'office d'une préposition, tels sont : *en faveur de, à l'égard de, au delà de, quant à*, etc.

36ᵉ EXERCICE. *Distinguez les prépositions et les locutions prépositives, en disant :*

Pour est une préposition, parce qu'il unit *instruction à étudier*, etc.

J'étudie pour mon instruction. Paul est parti malgré moi. La nouvelle est arrivée avant le courrier. Après la bataille de Pavie, François 1ᵉʳ écrivit à sa mère : Tout est perdu, madame, hors l'honneur. L'aimant se tourne vers le nord. Cet officier s'est trouvé parmi les morts. Il faut se conduire selon la raison. Il m'a écrit touchant cette affaire. Joseph est mort pendant la guerre. Louis partira avec moi. Mettez un flambeau sur la table. Ayez du respect envers vos supérieurs. Venez chez moi demain. Je mets cela sous mes pieds. Victor arrive de Paris. Il demeurera près de nous. Le renard rôde autour du poulailler. Il se plaça vis-à-vis du corbeau. Il n'y a rien au-dessous de zéro. J'en ai par-dessus la tête. Tous les hommes périrent, à l'exception de Noé et de sa famille.

Analysez les prépositions et les locut. prép. d'après le modèle n° 7.

CHAPITRE VIII.

Huitième espèce de mots.

L'ADVERBE.

241. Qu'est-ce que *l'adverbe?*

L'*Adverbe* est un mot qui se joint au verbe, à l'adjectif ou à un autre adverbe pour en modifier la signification.

242. Donnez un exemple de l'adverbe.

Quand je dis *cet enfant parle distinctement*, le mot *distinctement*, par lequel on fait entendre qu'il parle d'une manière claire, nette, est un adverbe.

243. Quels sont les adverbes les plus usités?

Les adverbes les plus usités sont :

Autrefois, hier, bientôt, demain, toujours, jamais, souvent, beaucoup, trop, peu, assez, plus, autant, moins, aussi, ici, là, où, dessous, partout, auprès, loin, dedans, dehors, ailleurs, d'abord, ensuite, auparavant, premièrement, sagement, poliment, etc.

244. Certains adjectifs ne s'emploient - ils pas comme adverbes?

REMARQUE. Certains adjectifs sont quelquefois employés comme adverbes : *chanter juste, parler bas, voir clair, sentir bon,* etc.

245. Qu'est-ce qu'une *locution adverbiale?*

Une *locution adverbiale* est un assemblage de mots faisant l'office d'un adverbe, comme *sans cesse, au hasard, tour à tour.*

37° EXERCICE. *Distinguez les adverbes et les locutions adverbiales, en disant :*

Prudemment est un adverbe, parce qu'il modifie la signification d'un verbe; etc.

Ton père agit prudemment. Tu te conduiras sagement. Ernest travaille aujourd'hui. Il s'amusera demain. Je lis un livre peu intéressant. Vous vous êtes trop avancé. Marchons plus lentement. Sachez vos leçons dorénavant. Vous arrivez trop tard. Causez moins fort. Mangez sobrement si vous voulez vivre longtemps. Cet enfant babille sans cesse. Mes élèves travaillent à l'envi. Donnez sur-le-champ. La pluie vint tout-à-coup. Les écrevisses marchent à reculons. Nous nous plaignîmes à cor et à cri. Les paresseux travaillent à contre-cœur. Les soldats furent réveillés en sursaut. Ils se trompèrent tour à tour. Les Anglais s'écrivent ordinairement franco. La rose est la plus belle des fleurs.

Analysez les adverbes et les locut. adv. d'après le modèle n° 8.

CHAPITRE IX.

Neuvième espèce de mots.

LA CONJONCTION.

246. Qu'est ce que la *conjonction?*

La *Conjonction* est un mot qui sert à joindre une phrase à une autre phrase ; par exemple, quand on dit *il pleure et il rit en même temps*, le mot *et* est une conjonction.

247. Qu'appelle-t-on *phrase?*

On appelle *phrase* ou *proposition* une réunion de mots qui forment un sens.

248. Combien de mots doit avoir la plus petite proposition?

La plus petite proposition doit avoir au moins deux mots, le sujet et le verbe, comme *je chante, vous lisez, l'homme meurt.* Souvent le verbe a un complément, comme *je chante un air, vous lisez une lettre.*

249. Quelles sont les principales conjonctions?

Les principales conjonctions sont :

Et, ni, si, que, mais, cependant, pourtant, néanmoins, ou, soit, sinon, quoique, comme, car, parce que, puisque, or, donc, ainsi, quand, lorsque, etc.

250. Qu'est-ce qu'une *locution conjonctive?*

Une *locution conjonctive* est une réunion de mots faisant l'office d'une conjonction, comme *de même que, ainsi que, afin que,* etc.

38e EXERCICE. *Distinguez les conjonctions et les locutions conjonctives, en disant :*

Que est une conjonction, parce qu'il joint *Dieu veut* à *nous l'aimions;* etc.

Dieu veut que nous l'aimions. Je pense : donc je suis. Soyez attentif lorsqu'on vous parle. Sois aimable, si tu veux être aimé. Travaillons tandis qu'il est jour. Les hirondelles partent en automne parce qu'elles redoutent le froid. Le mensonge est une lâcheté ; car celui qui ment n'ose pas dire la vérité. La mauvaise plaie se guérit, mais la mauvaise réputation ne se guérit pas. Il faut secourir les malheureux quand on le peut. Conduis-toi bien, afin que tu sois heureux dans ce monde et dans l'autre. Dieu dit : Que la lumière soit ! Et la lumière fut. Que le firmament paraisse ! Et sa parole s'accomplit aussitôt.

Analysez les conjonctions et les locut. conj. d'après le modèle n° 9.

CHAPITRE X.

Dixième espèce de mots.

L'INTERJECTION.

251. Qu'est-ce que l'*interjection*?	L'*Interjection* est un mot dont on se sert pour exprimer un sentiment de l'âme comme la joie, la douleur, etc.
252. Quelles sont les principales interjections?	Les principales interjections sont : *Ah! aïe! hélas! ouf! ha! hé! fi! oh! eh! chut! paix! holà! bon! allons! courage!* etc.
253. Qu'est-ce qu'une *locution interjective*?	Une *locution interjective* est une réunion de mots faisant l'office d'une interjection, comme *eh bien! fi donc! grand Dieu!* etc.

39ᵉ EXERCICE. *Distinguez les interjections et les locutions interjectives, en disant :*

Ah ! est une interjection, parce qu'il exprime un sentiment de l'âme; etc.

Ah ! que de la vertu les charmes sont puissants ! Eh ! qui peut oublier une mère chérie ? Fi d'un plaisir que la crainte peut corrompre. Courage! mes amis, la gloire vous attend. Hélas! de notre vie le cours est mesuré. Eh quoi ! vous n'avez pas de passe-temps plus doux ? Oh ! qui me rendra ma chaumière ? Ha ! vous êtes dévot et vous vous emportez ! Hé ! bonjour, monsieur du corbeau. O temps ! ô mœurs ! Chut ! chut! parlez donc bas. Ma foi ! sur l'avenir bien fou qui se fiera. Holà ho ! venez donc. Halte-là ! mon ami, n'allez donc pas plus loin.

Analysez les interjections et les locut. interj. d'après le modèle nᵒ 10.

40ᵉ EXERCICE. *Distinguez les parties du discours, en disant :*

La est un article, parce que, etc.

LA ROSE ET L'AMARANTE.

Une rose disait à certaine amarante :
Ce n'est pas sans raison qu'on me trouve charmante ;
Qui n'aimerait l'éclat de ma couleur,
Et le parfum de mon odeur !
Regardez-moi, sentez-moi, je vous prie.
— Hé bien ! je vous vois, je vous sens.
— Vous brillez moins, je pense. — Ah ! rose tant chérie,
Je brille moins, d'accord ; mais je vis plus longtemps.

Analysez chaque espèce de mots d'après les modèles nᵒˢ 1 à 10.

REMARQUES PARTICULIÈRES SUR CHAQUE ESPÈCE DE MOTS.

Des Lettres.

254. *H* est-elle aspirée dans *héros* et dans *héroïsme?*

H est aspirée dans *héros* : on dit *le héros;* mais elle n'est point aspirée dans *héroïsme:* on dit *l'héroïsme de la vertu.*

255. Quand la lettre *l* est-elle ordinairement *mouillée?*

L, au milieu et à la fin des mots, quand elle est précédée d'un *i,* est ordinairement *mouillée,* et se prononce comme à la fin de ces mots, *soleil, orgueil, famille, bouillir.*

256. Comment écrit-on *œil?*

On écrit *œil,* et l'on prononce *euil.*

257. Comment se prononce *s,* entre deux voyelles?

S entre deux voyelles se prononce comme *z* : *maison, poison, rose, braise,* etc. Excepté dans *préséance, présupposer,* etc, où l'on conserve la prononciation de l's.

258. Comment se prononce *d* à la fin du mot *grand* devant une *voyelle?*

D, à la fin du mot *grand,* se prononce comme *t* devant une voyelle ou une *h* muette : *grand homme,* prononcez comme s'il y avait *grant homme.*

259. Comment se prononce *gn* au milieu d'un mot?

GN, au milieu d'un mot, forme une prononciation mouillée, comme dans ces mots, *ignorance, magnanime, agneau, signal.*

260. A la fin des mots *respect, aspect* prononce-t-on le *t?*

T ne se prononce pas à la fin des mots *respect, aspect,* même quand le mot suivant commence par une voyelle ou une *h* muette : ainsi prononcez *respect humain,* comme s'il y avait *respec humain.*

41° EXERCICE. *Faites les remarques ci-dessus.*

Le bonheur ou la témérité ont pu faire des héros ; la vertu toute seule peut former de grands hommes. Socrate a poussé jusqu'à la mort l'héroïsme de la vertu. Le bec des oiseaux-mouches est une aiguille déliée. Sa peccadille fut jugée un cas pendable. Quand on a mangé un œuf à la coque, le bon usage est de briser la coquille dans son assiette. L'œil est la lumière du corps. Une grenouille vit un bœuf qui lui sembla de belle taille. L'ennui est le poison de la vie. La braise est un charbon à demi consumé. Cette loi est tombée en désuétude. Le nom d'un grand homme est dans toutes les bouches. L'ignorance vaut mieux qu'un savoir affecté. Le respect humain n'arrête pas les grands. Nous restâmes immobiles à l'aspect inattendu du lion.

Des Noms composés.

261. Comment s'écrit au pluriel un nom composé d'un adjectif et d'un nom ?

Quand un nom est composé d'un adjectif et d'un nom, ils prennent tous deux la marque du pluriel : un *arc-boutant* des *arcs-boutants*, un *chat-huant*, des *chats-huants*, etc.

262. Comment s'écrit-il lorsqu'il est formé de deux noms unis par une préposition ?

Quand il est composé de deux noms unis par une préposition, on ne met la marque du pluriel qu'au premier des deux noms : un *chef-d'œuvre*, des *chefs-d'œuvre* ; un *arc-en-ciel*, des *arcs-en-ciel*.

263. Comment s'écrit-il lorsque les deux noms sont placés immédiatement l'un après l'autre ?

Quand les deux noms sont placés immédiatement l'un après l'autre, ces deux noms prennent la marque du pluriel : un *chef-lieu*, des *chefs-lieux* ; un *chien-loup*, des *chiens-loups*.

264. Quand un nom composé est formé d'un nom joint à un verbe ou à une préposition comment s'écrit-il au pluriel ?

Quand il est composé d'un nom joint à une préposition, ou à un verbe, le nom seul prend la marque du pluriel : un *entre-sol*, des *entre-sols* ; un *garde-fou*, des *garde-fous*, etc.

265. Ces règles ont-elles des exceptions ?

Ces règles sont soumises à de nombreuses exceptions indiquées par le raisonnement. Ainsi l'on écrit :

Des *blanc-seings* (des seings en *blanc*).
Des *Hôtels-Dieu* (des hôtels consacrés à *Dieu*).
Des *coq-à-l'âne* (où l'on passe du *coq à l'âne*).
Des *serre-tête* (bonnets qui serrent la *tête*).

42ᵉ EXERCICE. *Faites les remarques ci-dessus.*

Les belles-de-nuit sont des fleurs qui ne s'ouvrent que la nuit. Les oiseaux-mouches sont des chefs-d'œuvre de la nature. Mes arrière-neveux me devront cet ombrage. La paresse et l'oisiveté sont les avant-coureurs de la misère. Les escaliers sans garde-fous sont de vrais casse-cou. Les faux zélés se croient les arcs-boutants de la religion. Les chats-huants se tiennent dans le creux des arbres. Les arcs-en-ciel sont formés par la réfraction des rayons solaires. Il y a autant de sous-préfets que de chefs-lieux d'arrondissement. Les coq-à-l'âne sont fréquents dans la conversation. Ne confiez pas des blanc-seings à un fripon. Les tête-à-tête sont quelquefois bien ennuyeux. Les bonnes œuvres sont des passe-ports pour l'éternité.

Noms collectifs.

266. Qu'est-ce-que les *collectifs* ?	Les *collectifs* sont des noms qui expriment une réunion, une collection d'êtres ou d'objets, tels sont *peuple, troupe, armée,* etc.
267. Que sont les collectifs ?	Les collectifs sont *généraux* ou *partitifs.*
268. Quand sont-ils *généraux* ?	Les collectifs sont *généraux* quand ils expriment une collection totale, complète : *la multitude des étoiles nous étonne.*
269. Quand sont-ils *partitifs* ?	Ils sont *partitifs* lorsqu'ils désignent une collection partielle : *une multitude de pauvres assiégèrent son hôtel.*
270. Que sont les expressions telles que *la plupart de, beaucoup de* etc. ?	On peut considérer comme *collectifs partitifs* les expressions telles que *la plupart de, beaucoup de, peu de,* etc. qui marquent la partie d'un plus grand nombre.
271. Quelle est la règle des collectifs partitifs ?	RÈGLE. Les collectifs partitifs suivis d'un nom pluriel veulent le verbe et l'adjectif au pluriel : *la plupart des enfants sont légers; peu d'enfants sont attentifs.*
272. Quand le sens est partitif, met-on *de*, ou *des* devant un adjectif pluriel ?	REMARQUE. Dans le sens partitif, on met *de*, et non pas *des*, devant un adjectif. Exemple : *j'ai lu de bons livres,* et non pas *des bons livres; j'ai vu de belles maisons,* et non pas *des belles maisons.*

43° EXERCICE. *Distinguez les collectifs généraux et les collectifs partitifs, et faites les remarques ci-dessus.*

Une foule d'assassins répandaient la terreur dans tout le pays. La multitude des étoiles confond notre imagination. La moitié des enfants meurent avant d'avoir atteint leur vingtième année. La plupart des hommes redoutent la mort. De belles routes et de nombreux canaux favorisent en France le commerce et l'industrie. Peu d'enfants aiment l'étude. Une multitude de vices nous dégradent. Beaucoup de personnes sacrifient le présent à l'avenir. La plupart des hommes pensent bien et vivent mal. Beaucoup d'élèves voudraient savoir, mais peu font des efforts pour apprendre. Parons notre âme de bons sentiments et de bonnes actions, avec autant de soin que nous parons notre corps de beaux vêtements. Peu de gens connaissent le prix du temps. Une infinité de jeunes gens se perdent en lisant de mauvais livres.

Adjectifs numéraux.

273. Quand *cent* et *vingt* prennent-ils une *s*?

Cent, au pluriel, et *vingt* dans *quatre-vingts*, *six-vingt*, prennent une *s* quand ils sont suivis d'un nom. Exemples : *deux cents hommes, quatre-vingts volumes, six-vingts arbres.*

274. Dans quels cas *cent* et *vingt*, quoiqu'au pluriel, ne prennent-ils pas d'*s*?

Cent et *vingt*, quoiqu'au pluriel, ne prennent pas d's : 1° Quand ils sont suivis d'un autre adjectif numéral : *deux cent trois*, *quatre-vingt-six* ; 2° lorsqu'ils sont employés pour *centième, vingtième* : *l'an huit cent, la page quatre-vingt.*

275. Comment écrit-on *mille* pour la date des années?

Pour la date des années, on écrit *mil*. Exemple : *le froid fut très-grand en mil sept cent neuf :* partout ailleurs on écrit *mille*, qui ne prend jamais s : *deux mille hommes.*

276. Dans quel cas *mille* prend-il une *s*?

Mille, mesure itinéraire, est un nom, et prend une s au pluriel : *trois milles d'Angleterre font une lieue de France.*

277. Comment se prononce *neuf* devant une voyelle ou une *h* muette?

Neuf se prononce devant une voyelle ou une *h* muette comme *neuv*. Exemple : *il y a neuf ans;* prononcez *neuv ans.*

278. Que remarquez-vous sur le mot *demi*?

On dit *une demi-heure, une demi-livre;* ce mot *demi* ne change pas quand il est devant le nom; mais dites : *une heure et demie, une livre et demie :* quand le mot *demi* est après le nom, il en prend le genre; mais jamais le nombre : *trois heures et demie.*

44° EXERCICE. *Faites les remarques ci-dessus.*

L'invention de l'imprimerie date de l'année mil quatre cent quarante. L'hospice des Quinze-Vingts fut fondé par Saint-Louis, pour trois cents chevaliers auxquels les Sarrazins avaient crevé les yeux. Les demi-remèdes sont pires que les grands maux. Charlemagne fut couronné empereur l'an huit cent. Cinq milles d'Angleterre font plus d'une lieue et demie. Cet ouvrage a quatre-vingt-seize pages. Henri IV fut assassiné à trois heures et demie du soir, le quatorze mai mil six cent dix, son fils n'étant encore âgé que de neuf ans. Les Lapons n'ont jamais plus de quatre pieds et demi. Mon père est mort à l'âge de quatre-vingts ans. Les actions des chemins de fer sont ordinairement de cinq cents francs. Xénophon a écrit l'histoire de la retraite des Dix-Mille. Trois cents Spartiates moururent aux Thermopyles.

Adjectifs possessifs.

279. Dans quel cas ne doit-on pas se servir de *son, sa, ses, leur, leurs?*
Quand il s'agit de choses, il ne faut pas se servir de *son, sa, ses, leur, leurs* quand le nom possesseur n'est pas employé dans la même proposition comme sujet.

280. Donnez-en des exemples.
Ainsi ne dites pas : *Paris est beau, j'admire ses bâtiments*; mais dites : *j'en admire les bâtiments.* Mais on dirait bien : *la Seine a sa source en Bourgogne*; car le nom *Seine* est employé dans la même phrase comme sujet.

281. Quelle est l'exception?
Cependant, quoique le nom possesseur ne soit pas employé dans la même proposition, on se sert de *son, sa ses,* etc., après une préposition, comme dans : *Paris est beau, j'admire la grandeur de ses bâtiments.*

Adjectifs indéfinis.

282. Quand le mot *tout* est-il invariable?
Tout, mis pour *quoique, entièrement,* est adverbe et conséquemment invariable : *les enfants tout aimables qu'ils sont, ne laissent pas d'avoir des défauts.*

283. Dans quel cas *tout*, quoique adverbe, varie-t-il?
Tout, quoique adverbe, s'accorde lorsqu'il est suivi d'un adjectif féminin commençant par une consonne ou une *h* aspirée : *ces images, toutes belles qu'elles sont, ne me plaisent pas.*

45° EXERCICE. *Faites les remarques ci-dessus.*

L'auteur d'un bienfait en ignore le prix. A l'aspect du tombeau notre âme est tout émue. Qui aime le travail en recueille les fruits. La Garonne a sa source dans les Pyrénées. L'Evangile est divin, j'admire la sublimité de ses préceptes. Jugeons les autres par leurs actions plutôt que par leurs paroles. La nature tout entière proclame la puissance du Créateur. Une bonne action porte en elle-même sa récompense. Qui peut lire l'Evangile sans en trouver la morale sublime? On dit que les négresses aiment les robes toutes blanches. La vertu, tout austère qu'elle est, a cependant ses charmes. Cette jeune personne est toute honteuse de ne savoir pas sa leçon. Tout grands que soient les rois, ils sont sujets à la mort. Ma sœur fut tout étonnée de me revoir. Au nord de la Suède on trouve des loups tout blancs. L'âme demeure tout étonnée, toute stupéfaite à la vue des grandes scènes de la nature. Ces élèves sont tout yeux, tout oreilles.

284. Dans quel cas le mot *quelque* est-il invariable ?

Quelque...que s'emploie de cette manière : s'il y a un adjectif entre *quelque* et *que*, alors *quelque* ne prend jamais *s* à la fin : *Les rois, quelque puissants qu'ils soient, ne doivent pas oublier qu'ils sont hommes.*

285. Dans quel cas est-il variable ?

S'il y a un nom entre *quelque* et *que*, alors on met *quelque* au même nombre que le nom : *Quelques richesses que vous ayez, vous ne devez pas en être orgueilleux.*

286. Quand l'écrit-on en deux mots ?

Si le nom n'est placé qu'après le *que* et le verbe, alors il faut écrire en deux mots séparés, *quel* ou *quelle que*, *quels* ou *quelles que* : *quel que soit votre pouvoir, quels que soient vos moyens, quelles que soient vos richesses, vous ne devez pas en être orgueilleux.*

287. Qu'est *même* place après un seul nom ou un seul pronom ?

Même, placé après un seul nom ou un seul pronom, est adjectif et s'accorde : *les Dieux mêmes devinrent jaloux des bergers ; les menteurs se trompent eux-mêmes.*

288. Comment s'écrit-il lorsqu'il est après plusieurs noms ?

Même, placé après plusieurs noms, est adverbe et, par conséquent, invariable : *les animaux, les plantes même sont sensibles.*

289. Dans quel cas est-il encore invariable ?

Placé devant un adjectif, il est encore adverbe et invariable : *Nous devons obéir aux lois, même injustes.*

46ᵉ EXERCICE. *Faites les remarques ci-dessus.*

Quels que soient ses penchants, le sage les surmonte. Quelques qualités que vous ayez n'en tirez pas vanité. Quels que soient les humains, il faut vivre avec eux. Quelle que soit votre fortune, quelque solide que vous vous la croyiez, vous n'êtes pas à l'abri de la pauvreté. Les jeunes gens, même les plus vertueux, sont exposés à tomber dans de grandes fautes, s'ils ne veillent pas sur eux-mêmes. Quelques crimes toujours précèdent les grands crimes. Les animaux, les plantes même étaient adorées en Egypte. Les accusations injustes tombent d'elles-mêmes. Le vrai talent a toujours quelques ressources. Quelque corrompues que soient nos mœurs, le vice n'a pas encore perdu toute sa honte. Un trône quel qu'il soit a toujours ses ennuis. Quelques vains lauriers que promette la guerre, on ne peut être héros sans ravager la terre. Les rochers mêmes auraient été sensibles à ses plaintes.

Remarques sur les pronoms.

RÈGLE DES PRONOMS.

290. De quel genre et de quel nombre doivent être les pronoms ?

Les pronoms doivent toujours être du même genre et du même nombre que les noms dont ils tiennent la place.

291. Donnez des exemples.

Ainsi, en parlant de la tête, dites : *elle me fait mal* ; *elle*, parce que ce pronom se rapporte à *tête*, qui est du féminin et au singulier ; et, en parlant de plusieurs jardins, dites : *ils sont beaux* ; *ils*, parce que ce pronom se rapporte à *jardins*, qui est du masculin et au pluriel.

Observations particulières.

292. Que remarquez-vous sur *vous*, employé pour *tu* ?

1° *Vous*, employé pour *tu*, veut le verbe au pluriel, mais l'adjectif suivant reste au singulier : *Mon fils, vous serez estimé, si vous êtes sage.*

293. Comment distingue-t-on *le, la, les*, articles, de *le, la, les*, pronoms ?

2° *Le, la, les* sont quelquefois pronoms et quelquefois articles : l'article est toujours suivi d'un nom : *le frère, la sœur, les hommes* : au lieu que le pronom est toujours joint à un verbe : *je le connais, je la respecte, je les estime.*

47° EXERCICE. *Faites les remarques ci-dessus.*

L'oisiveté est comme la rouille : elle use plus que le travail. Le paresseux voudrait bien manger l'amande ; mais il craint la peine de casser le noyau. Les méchants ne sont pas heureux, quoiqu'ils prospèrent quelquefois. Nos bonnes œuvres ne nous abondonnent point quand nous mourons : elles nous suivent dans l'éternité. Mon enfant, obéissez à votre père et à votre mère, et soyez docile à leurs conseils.

Distinguez LE, LA, LES, *pronoms, de* LE, LA, LES, *articles.*

Le temps manquera à celui qui le prodigue. La science dévoile ses secrets à celui qui la cultive. Les ingrats oublient bientôt ceux qui les favorisent. On double son bonheur en le partageant avec un ami. La raison supporte les disgrâces, le courage les combat, la patience les surmonte. On ne surmonte le vice qu'en le fuyant.

294. Quand le pronom *le* ne prend-il ni genre ni nombre ?

Le pronom *le* ne prend ni genre ni nombre, quand il tient la place d'un adjectif ou d'un verbe.

295. Donnez-en des exemples.

Par exemple, si l'on disait à une dame : *Madame, êtes-vous malade ?* il faudrait qu'elle répondît : *oui, je le suis*, et non pas *je la suis*, parce que *le* se rapporte à l'adjectif *malade : on doit s'accoutumer à l'humeur des autres autant qu'on le peut :* je mets *le*, parce qu'il se rapporte au verbe *accoutumer.*

296. Quelle remarque avez-vous à faire sur le pronom *soi* ?

3° N'employez le pronom *soi* qu'après un nominatif vague et indéterminé, comme *on, chacun, ce,* etc. : *on ne doit jamais parler de soi; chacun songe à soi; n'aimer que soi, c'est être mauvais citoyen.*

297. Est-il permis de dire : *c'est en Dieu en qui nous devons mettre notre espérance, c'est à vous à qui je veux parler ?*

4° Il faut dire : *c'est en Dieu que nous devons mettre notre espérance*, et non pas : *en qui; c'est à vous-même que je veux parler*, et non pas *à qui je veux.* (Dans ces deux phrases, *que* n'est pas pronom relatif, mais conjonction).

298. De quel nombre et de quelle personne est le pronom *qui* ?

5° Le pronom *qui* est toujours du même nombre et de la même personne que son *antécédent;* ainsi il faut dire : *moi qui ai vu, toi qui as vu, nous qui avons vu, vous qui avez vu, eux qui ont vu,* etc.

48° EXERCICE. *Faites les remarques ci-dessus.*

Madame, êtes-vous mère ? — Je le suis. — Etes-vous la mère de ces enfants ? — Je ne la suis pas. Messieurs, êtes-vous satisfaits ? — Nous le sommes. Corrige-toi, tandis que tu le peux. Que de fautes ne faisons-nous pas sans le savoir. Etes-vous maîtresse de cette maison ? — Je la suis. — Etes-vous maîtresse de vos actions ? — Je ne le suis pas. C'est aux Egyptiens que nous devons l'arithmétique. Personne n'est aussi content de son sort que de soi. Chacun travaille pour soi. Quiconque rapporte tout à soi n'a pas beaucoup d'amis. C'est à vous, Monsieur, que je parle. C'est à Parmentier que nous devons la pomme de terre. Le ciel nous protège; c'est en lui que nous devons mettre toute notre confiance. C'est moi qui suis arrivé le premier. C'est lui qui a été couronné. Ce sont eux qui ont eu les prix.

299. Que savez-vous sur *qui* précédé d'une préposition?

6° *Qui*, précédé d'une préposition ne se dit jamais des choses, mais seulement des personnes. Ainsi ne dites pas : *les sciences à qui je m'applique*, mais *auxquelles je m'applique*. On dira très-bien : *la personne à qui*, ou *à laquelle je me confie*.

300. Quand met-on au pluriel le verbe *être* précédé de *ce*?

7° *Ce*, devant le verbe *être*, veut ce verbe au singulier, excepté lorsqu'il est suivi de la troisième personne plurielle ; on dit : *c'est moi, c'est toi, c'est lui, c'est nous, c'est vous qui* ; mais il faut dire : *ce sont eux, ce ce sont elles, ce sont vos ancêtres qui ont bâti cette maison*.

301. Emploie-t-on indifféremment *celui-ci, celle-ci*, et *celui-là, celle-là*?

8° *Celui-ci* s'emploie pour la personne dont on a parlé en dernier lieu ; *celui-là*, pour la personne dont on a parlé en premier lieu ; *Héraclite et Démocrite étaient d'un caractère bien différent : celui-ci riait toujours, celui-là pleurait sans cesse*.

302. Quelle différence y a-t-il entre *ceci* et *cela*?

9° *Ceci* désigne une chose plus proche, *cela* désigne une chose plus éloignée : *je n'aime pas ceci, donnez-moi cela*.

303. *Personne*, employé comme nom ou comme pronom, est-il du même genre?

10° *Personne*, employé comme pronom est du masculin : *je ne connais personne plus que lui*. Mais *personne*, employé comme nom, est du féminin : *cette personne est très-heureuse*.

49° EXERCICE. *Faites les remarques ci-dessus.*

La mort est peut-être la chose à laquelle nous pensons le moins. Remercions Dieu de qui nous tenons tout. On dit que les Lapons ont un gros chat auquel ils confient tous leurs secrets. La vie est un pèlerinage auquel nous sommes condamnés. Ce sont les Espagnols qui ont découvert l'Amérique. Voilà l'homme à qui je dois la vie. Ce sont les bonnes lois qui font la force des empires. Ce sont elles que nous invoquons. Le corps périt et l'âme est immortelle : cependant on néglige celle-ci, et tous les soins sont pour celui-là. Personne n'est content de son état. La personne la plus heureuse est celle qui croit l'être. Les personnes aimantes ont plus de jouissances que les autres. Personne n'est heureux ici-bas. La vertu est préférable à la fortune : celle-ci rend orgueilleux, celle-là rend sage.

Remarques sur les verbes.

304. Quelle est la place du *sujet* relativement au verbe?

I. Le sujet, soit nom, soit pronom, se place ordinairement avant le verbe : *Dieu a parlé, nous obéissons.*

305. Quelle est la première exception?

Excepté : 1° quand on interroge : *que penserons de vous les honnêtes gens, si vous n'êtes pas sage? Irai-je? Viendras-tu? Est-il arrivé?*

306. Dans quel cas met-on *t* devant *il, elle, on?*

Quand le verbe qui précède *il, elle, on,* finit par une voyelle, on ajoute un *t* devant *il, elle, on* : *appelle-t-il? Viendra-t-elle? Aime-t-on les paresseux?*

307. Peut-on toujours interroger à la première personne?

L'usage ne permet pas toujours cette manière d'interroger à la première personne, parce que la prononciation en serait rude et désagréable.

308. Donnez des exemples.

Ne dites pas : *cours-je, mens-je, dors-je, sors-je,* etc. Il faut prendre un autre tour, et dire : *est-ce que je cours? Est-ce que je mens? Est-ce que je dors?*

309. Où se place le sujet quand on rapporte les paroles de quelqu'un?

2° Le sujet se met encore après le verbe, quand on rapporte les paroles de quelqu'un : *connais-toi toi-même, disait Solon.*

310. Après *tel, ainsi,* où peut-on mettre le sujet?

3° Après *tel, ainsi.* Exemple : *tel était son avis; ainsi mourut ce grand homme.*

50° EXERCICE. *Faites les remarques ci-dessus.*

Vanité des vanités, dit l'Ecclésiaste, tout est vanité. Aime-t-on les méchants? On les craint, on les hait. Votre sœur a-t-elle étudié? Saura-t-elle sa leçon? Louis est-il arrivé? A-t-il apporté de bonnes nouvelles? Invoque-moi dans ta détresse, dit le Seigneur, et je te soulagerai. Est-ce que je sais ma leçon? Est-ce que je prends mon déjeûner? Est-ce que je cours vers mon père? Hâte-toi lentement, dit le proverbe. A qui réserve-t-on ces apprêts meurtriers? Pour qui ces torches qu'on excite? L'airain sacré tremble et s'agite... D'où vient ce bruit lugubre? où courent ces guerriers? Que peuvent contre Dieu tous les rois de la terre? Pardonne-leur, ô mon père! car ils ne savent ce qu'ils font : telles furent les dernières paroles de Jésus expirant sur la croix. Ainsi dit le renard, et flatteurs d'applaudir. Alexandre mourut à Babylone, à l'âge de trente-trois ans : tel fut le fruit de tant de victoires. Ainsi parla Démosthènes, et les Grecs d'exprimer leur admiration.

311. Où se place le sujet d'un verbe impersonnel?

312. Le mot *il*, qui précède le verbe impersonnel, n'en est-il pas le sujet?

313. Dans quel cas emploie-t-on le *présent* à la place du *passé*?

314. Quand doit-on se servir du *passé défini*?

315. Expliquez cela par des exemples.

316. Quand s'emploie le *passé indéfini*?

4° Après les verbes impersonnels. Exemple : *il est arrivé un grand malheur.*

Le mot *il*, qui précède le verbe impersonnel, n'en est que le sujet *apparent*; le sujet *réel* figure après le verbe sous la forme d'un complément direct.

II. Le *présent de l'indicatif* s'emploie quelquefois à la place du passé pour rendre la narration plus vive, plus animée : *on cherche Vatel; on court à sa chambre, on heurte, on enfonce sa porte, on le trouve noyé dans son sang.* (Mme de Sévigné).

III. On ne doit se servir du *passé défini* qu'en parlant d'un temps absolument écoulé, et dont il ne reste plus rien.

Ainsi ne dites pas : *j'étudiai aujourd'hui, cette semaine, cette année,* parce que le jour, la semaine, l'année ne sont pas encore écoulés. Mais on dit bien : *j'étudiai hier, la semaine dernière, l'an passé,* etc.

Le *passé indéfini* s'emploie indifféremment pour un temps passé, soit qu'il en reste encore une partie à s'écouler ou non : *j'ai étudié ce matin, j'ai étudié cette semaine, j'ai étudié la semaine passée,* etc.

51° EXERCICE. *Faites les remarques ci-dessus.*

Toute l'armée s'arrête pour regarder le combat des deux chefs. Le Gaulois fond l'épée à la main sur le jeune Franc, le presse, le frappe, le blesse à l'épaule, et le contraint de reculer jusque sous les cornes des taureaux. Hippolyte lui seul, digne fils d'un héros, arrête ses coursiers, saisit ses javelots, pousse au monstre, et, d'un dard lancé d'une main sûre, il lui fait dans le flanc une large blessure. Il faut, autant qu'on peut, obliger tout le monde. Charlemagne mourut à Aix-la-Chapelle, dont il avait fait la capitale de son empire. Je vis hier une chose assez singulière. Je vous ai écrit il y a une quinzaine de jours. J'ai reçu ce matin la lettre que vous m'avez écrite. J'ai gravé vos bienfaits dans mon cœur. Clovis fut vainqueur à Tolbiac. Il gagna ensuite la bataille de Vouillé, sur Alaric, roi des Visigoths. Mes amis, disait Titus, quand il avait passé un jour sans faire une bonne action, j'ai perdu ma journée. Nous partîmes hier de Paris à neuf heures du matin.

Emploi des temps du subjonctif.

317. A quel temps du subjonctif met-on le verbe qui suit la conjonction *que*, quand le premier verbe est au *présent* ou au *futur*?

Ire RÈGLE. Quand le premier verbe est au présent ou au futur, mettez au présent du subjonctif le second verbe qui est après *que*. Exemples :

Il faut
Il faudra   } *que vous soyez plus attentifs.*

318. A quel temps met-on le second verbe quand le premier est à l'un des *passés*?

IIe RÈGLE. Quand le premier verbe est à l'un des passés, mettez le second verbe à l'imparfait du subjonctif. Exemples :

Il fallait
Il fallut
Il a fallu
Il eut fallu   } *que vous fussiez plus attentifs.*
Il avait fallu
Il aura fallu
Il aurait fallu

Remarque sur le complément.

319. Quand un nom peut-il servir de complément à deux adjectifs ou à deux verbes à la fois?

RÈGLE. Un nom peut servir de complément à deux adjectifs ou à deux verbes à la fois, pourvu que ces adjectifs et ces verbes ne veuillent pas un complément différent : *cet homme est utile et cher à sa famille; cet officier attaqua et prit la ville.*

320. Peut-on dire : *cet homme est utile et chéri de sa famille et cet officier attaqua et se rendit maître de la ville*?

Mais on ne peut pas dire : *cet homme est utile et chéri de sa famille; cet officier attaqua et se rendit maître de la ville,* parce que *utile* et *attaqua* ne peuvent être suivis de la préposition *de.*

52ᵉ EXERCICE. *Faites les remarques ci-dessus.*

Dieu exige que nous employions au soulagement de nos semblables les richesses qu'il nous a départies. Il faudra que vous vous appliquiez davantage. Il serait à désirer que tous les hommes s'entr'aidassent. Dieu accorde le sommeil aux méchants, afin que les bons aient quelques moments de tranquillité. Je voulais que tu apprisses ta leçon. Ce livre est utile et même indispensable à l'élève. Un bon père punit ou récompense ses enfants, selon la manière dont ils se conduisent. Le chien est fidèle et soumis à son maître. Henri IV voulait que chaque paysan pût mettre la poule au pot le dimanche. Il donna des ordres pour que les habitants des campagnes fussent à l'abri de la rapacité du soldat.

Remarques sur les prépositions.

321. Quelle différence y a-t-il entre *autour* et *alentour*?

1° Ne confondez pas *autour* et *alentour* : *autour* est une préposition, et elle est toujours suivie d'un complément : *autour d'un trône*; *alentour* n'est qu'un adverbe et n'est jamais suivi d'un complément : *il était sur son trône, et ses fils étaient alentour*.

322. Peut-on employer indifféremment *avant* et *auparavant*?

2° Ne confondez pas *avant* et *auparavant*; *avant* est une préposition, et elle est toujours suivie d'un complément : *avant l'âge, avant le temps*; *auparavant* n'est qu'un adverbe, et n'est pas suivi d'un complément : *ne partez pas sitôt, venez me voir auparavant*.

323. Quelle remarque faites-vous sur *au travers* et *à travers*?

3° *Au travers* est suivi de la préposition *de* : *au travers des ennemis*; *à travers* n'en est pas suivi : on dit : *à travers les ennemis*.

324. Quelle différence y a-t-il entre *près de* et *prêt à*?

4° Ne confondez pas *près de*, locution prépositive, et *prêt à*, adjectif suivi de la préposition *à*. *Près de* signifie *sur le point de*, et *prêt à*, *disposé à*, *préparé à* : *celui qui est près de mourir n'est pas toujours prêt à mourir*.

225. Peut-on employer *contre* pour *près de*?

5° C'est une faute d'employer *contre* pour *près de* signifiant *auprès de*; on ne dit pas : *il s'est assis contre moi*, mais *près de moi*.

53ᵉ EXERCICE. *Faites les remarques ci-dessus.*

La terre tourne autour du soleil en trois cent soixante-cinq jours. Les troupes n'entrèrent pas dans la ville, elles s'établirent alentour. Avant de condamner un homme, on a l'habitude de l'entendre. Sire, disait Sully à Louis XIII, lorsque le Roi votre père, de glorieuse mémoire, me faisait l'honneur de me faire appeler, il faisait auparavant éloigner les baladins et les bouffons. Au travers des périls un grand cœur se fait jour. Nous aperçûmes le soleil à travers les nuages. Un enfant est heureux près de sa mère. La mort ne surprend point le sage, il est toujours prêt à partir. L'homme près de mourir adresse au ciel ses vœux. Le soldat doit toujours être prêt à obéir. Il y a des écrivains qui tournent toute leur vie autour de la même idée. Paul demeure près de l'église. Versailles est près de Paris.

Remarques sur les adverbes.

326. *Plus et davantage* peuvent-ils s'employer l'un pour l'autre ?

1° *Plus* et *davantage* ne s'emploient pas toujours l'un pour l'autre : *davantage* ne peut être suivi de la préposition *de*, ni de la conjonction *que*; on ne dit pas : *il a davantage de brillant que de solide*, mais *plus de brillant*; on ne dit pas : *il se fie davantage à ses lumières qu'à celles des autres*, mais *il se fie plus à ses lumières*.

327. Peut-on employer *davantage* comme préposition ?

Davantage ne peut s'employer que comme adverbe. Exemple : *la science est estimable, mais la vertu l'est bien davantage*.

328. Quelle différence y a-t-il entre *plus tôt*, en deux mots, et *plutôt*, en un seul mot ?

2° Ne confondez pas *plus tôt*, en deux mots, avec *plutôt*, en un seul mot. *Plus tôt* est l'opposé de *plus tard* : *venez un peu plus tôt qu'à l'ordinaire*; *plutôt* éveille une idée de préférence : *plutôt souffrir que mourir, c'est là devise des hommes.*

329. *A la campagne* et *en campagne* ont-ils la même signification ?

3° Ne confondez pas *à la campagne* et *en campagne*; ce dernier ne se dit que du mouvement des troupes : *l'armée est en campagne*; mais il faut dire : *j'ai passé l'été à la campagne.*

330. Peut-on employer indifféremment *de suite* et *tout de suite* ?

4° On ne doit pas employer indifféremment *de suite* et *tout de suite* : le premier signifie *sans interruption* : *il ne saurait dire deux mots de suite*; le second signifie *sur-le-champ* : *faites cela tout de suite.*

54ᵉ EXERCICE. *Faites les remarques ci-dessus.*

Le serin a plus d'oreille, plus de facilité d'imitation, plus de mémoire que le rossignol. La tulipe est belle, mais la rose l'est bien davantage. La chèvre est plus forte, plus légère, plus agile et moins timide que la brebis. Cet ouvrage est intéressant, mais celui-ci me plaît davantage. Le travail, aux hommes nécessaire, fait leur félicité plutôt que leur misère. La vie, ou plus tôt ou plus tard, doit nous être ravie. J'ai l'habitude de passer mes vacances à la campagne. Les troupes se mirent en campagne au milieu de l'hiver. Les excès abrègent la vie et font mourir plus tôt. La garde mourut plutôt que de se rendre. Il faut que les enfants obéissent tout de suite. Dieu fit pleuvoir quarante jours de suite.

CHAPITRE XI.

DE L'ORTHOGRAPHE.

331. Qu'est-ce que l'orthographe ?
L'*Orthographe* est la manière d'écrire correctement tous les mots d'une langue.

Orthographe des noms.

332. Quelle doit-être la première lettre des noms propres ?
1° La première lettre des noms propres, des noms dé dignité, doit être une lettre capitale : *Pierre, Paris.*

333. Comment se terminent au pluriel les noms qui ne finissent pas par s au singulier ?
2° Tous les noms qui ne finissent point par *s* au singulier, en prennent une au pluriel : *un jardin charmant, des jardins charmants.*

334. *Honneur* et *honorer* prennent-ils deux *nn* ?
3° Quoiqu'on écrive *honneur* avec deux *nn*, il n'y en a qu'une dans *honorer.*

335. Comment écrit-on *compte* (calcul), *comte* (dignité) et *conte* (histoire) ?
4° On écrit avec *mp*, *compte*, *compter*, pour signifier *supputer*; avec *m* seulement, *comte*, *comté*, titre, dignité; avec un *n*, *conte*, *conter*, pour signifier *raconter.*

336. Comment écrit-on *champ* (terre) et *chant* (action de chanter) ?
5° On écrit avec *mp*, *champ*, pour signifier *terre*, et avec *nt*, *chant*, pour signifier l'action de *chanter.*

55° EXERCICE. *Faites remarques ci-dessus.*

L'honneur est comme une île escarpée et sans bords : on n'y peut plus rentrer dès qu'on en est dehors. Honore ton père et ta mère, dit le Seigneur; car cela est juste. Les bons comptes font les bons amis. Un conte est un récit d'aventures imaginaires. J'ai lu les contes de Perrault. M. le Comte a été nommé ambassadeur à Madrid. Qui compte sans son hôte, compte deux fois. Le père par un conte égayait ses discours, la mère par une caresse. Le comté de Foix a formé le département de l'Ariége. Honorer ce qu'on aime, c'est s'honorer soi-même. Après avoir été fait prisonnier à la bataille de Pavie, François 1er écrivit à sa mère : Tout est perdu, Madame, hors l'honneur. Ne compte pas sur la pluie pour arroser ton jardin. J'ai l'honneur de vous saluer.

337. *Faim* (besoin de manger) et *fin* (terme d'une chose) s'écrivent-ils de la même manière ?

6° On écrit *faim*, besoin de manger, et *fin*, le terme où finit une chose : *la faim a contraint les assiégés de se rendre; la mort est la fin de la vie.*

Mots en ACE et en ASSE.

338. Citez des mots en *ace* qui se terminent par *ce.*

On écrit par *ce*, *glace, besace, grimace, espace, place, race, grâce, audace, face, populace, tenace, vivace, vorace,* etc.

339. Citez-en qui finissent par *sse* avec deux *ss.*

Et par *sse*, *terrasse, basse, grasse,* et tous les imparfaits du subjonctif de la première conjugaison : *j'aimasse, j'appelasse,* etc.

Mots en ANCE et en ENCE.

340. Donnez des mots qui se terminent par *ance* avec un *a* et un *c.*

On écrit par *a* les mots suivants : *abondance, constance, vigilance, distance, balance, enfance, lance, tolérance,* etc.

341. Donnez-en qui finissent par *ence*, avec un *e* et un *c.*

Et par *e*, *prudence, conscience, absence, clémence, éloquence,* etc. (On suit à cet égard l'orthographe latine , *abundantia, prudentia.*)

Mots en ÈCE et en ESSE.

342. Donnez des mots qui finissent par *èce*, avec un *c*, et d'autres en *esse*, avec deux *ss*,

On écrit par *ce*, *nièce, pièce,* et par *sse, adresse, blesse, paresse, faiblesse, largesse, noblesse, promesse, sagesse, souplesse, vieillesse, tendresse, vitesse,* etc.

86° EXERCICE. *Faites les remarques ci-dessus.*

Des champs que votre père a légués à vos vœux, conservez avec soin le modeste héritage. Le chant fait oublier les peines de la vie. J'ai faim; vous qui passez, daignez me secourir. La mort est la fin de nos maux. Nos soldats supportèrent le froid et la faim pendant plusieurs jours de suite. Un champ et une chaumière ne suffisent point au bonheur. Le chant des oiseaux réjouit le cœur. En toute chose, il faut considérer la fin. Remarquez bien comment se terminent les mots suivants : *glace, besace, grimace, espace, place, race, grâce; terrasse, basse, grasse,* que je m'appliquasse, que je chantasse, que je parlasse; *abondance, constance, vigilance, distance; prudence, conscience, absence, clémence, éloquence; nièce, pièce; adresse, blesse, paresse.*

Mots en ICE et en ISSE.

343. Donnez des mots qui se terminent par *ice*, avec un *c*, et d'autres par *isse*, avec deux *ss*.

On écrit par *ce*, *calice*, *office*, *artifice*, *précipice*; et par *sse*, *écrevisse*, *réglisse*, et tous les imparfaits du subjonctif de la deuxième et de la quatrième conjugaison : *je finisse*, *je rendisse*, etc.

Mots en SION, TION, XION, CTION.

344. *Appréhension*, *dimension*, *pension*, *ascension*, *condition*, *agitation*, *discrétion*, se terminent-ils de la même manière ?

On écrit par *s* : *appréhension*, *dimension*, *pension*, *convulsion*, *ascension*, etc., et par *t* *attention*, *condition*, *agitation*, *discrétion*, etc.

345. Comment se prononce *t*, après une *x* ?

REMARQUE. *T* conserve sa prononciation dans les mots où il est précédé d'une *s* ou d'une *x* : *question*, *indigestion*, *mixtion*; autrement il se prononce comme *s* : *attention*, prononcez *attension*.

346. Citez des mots qui finissent par *xion*, avec *x*, et d'autres par *ction*, avec *ct*.

On écrit par *x* : *fluxion*, *réflexion*, *complexion*, *génuflexion*, etc., et par *ct*, *action*, *distinction*, *séduction*, *prédilection*, etc.

347. Quel est le meilleur moyen d'apprendre l'orthographe de ces mots ?

(Ces observations ne peuvent être réduites en règles générales : la lecture, le dictionnaire et l'usage doivent seuls en tenir lieu).

57ᵉ EXERCICE. *Faites les remarques ci-dessus.*

On divise ordinairement l'orthographe en deux parties : *l'orthographe absolue* ou *d'usage*, et *l'orthographe relative* ou *grammaticale*. La première ne peut guère s'apprendre qu'en lisant et en écrivant beaucoup, et en remarquant comment les mots sont écrits. L'usage et le dictionnaire valent mieux que toutes les règles, qui fourmillent d'exceptions. Un excellent exercice pour apprendre l'orthographe d'usage consiste à apprendre un morceau par cœur, et à le reproduire ensuite par écrit. C'est une dictée que l'on se fait faire à soi-même. L'orthographe grammaticale s'apprend en étudiant avec soin les règles de la grammaire. Remarquez l'orthographe des mots suivants : *calice*, *office*, *artifice*, *précipice*, *écrevisse*, *réglisse*, *jaunisse*, *je finisse*, *je rendisse*; *appréhension*, *dimension*, *pension*, *convulsion*, *ascension*; *attention*, *condition*, *agitation*, *discrétion*; *question*, *indigestion*, *mixtion*; *fluxion*, *réflexion*, *complexion*; *génuflexion*; *action*, *distinction*, *séduction*.

Orthographe des verbes.

PRÉSENT DE L'INDICATIF.

348. Comment se termine le sing. du *prés. de l'indic.* si la 1re pers. finit par *e* ?

Singulier. 1° Si la première personne finit par *e, j'aime, j'ouvre,* etc., on ajoute *s* à la seconde ; la troisième est semblable à la première : *j'aime, tu aimes, il aime.*

349. Comment se termine-t-il si la 1re pers. finit par *s* ou *x* ?

2° Si la première personne finit par *s* ou *x,* la seconde est semblable à la première, la troisième finit ordinairement en *t* : *je finis, tu finis, il finit.*

350. Comment se termine la 3e personne dans quelques verbes ?

Dans quelques verbes la troisième personne se termine en *d, il rend, il vend, il prétend.*

351. Comment se termine le pluriel du *présent de l'indicatif* dans toutes les conjugaisons ?

Pluriel. Le pluriel dans toutes les conjugaisons se termine toujours par *ons, ez, ent : nous aimons, vous aimez, ils aiment ; nous finissons, vous finissez, ils finissent.*

IMPARFAIT DE L'INDICATIF.

352. Comment se termine l'imparf. de l'indicatif ?

Il se termine toujours de cette manière : *ais, ais, ait, ions, iez, aient : j'aimais, tu aimais, il aimait, nous aimions, vous aimiez, ils aimaient.*

58e EXERCICE. *Devoir à transcrire au pluriel.*

Présent de l'indicatif. Je joue, tu études, il regarde ; j'avertis, tu obéis, il gémit ; je vois, tu reçois, il redoit ; je vends, tu apprends, il craint ; je salue, tu éternues, il remue ; je faiblis, tu languis, il maudit ; je peux, tu veux, il doit ; je suffis, tu suis, il plaint ; je remercie, tu remédies, il relit ; je polis, tu pâlis, il embellit ; je conçois, tu sais, il peut ; je souris, tu combats, il prescrit.

Imparfait de l'indicatif. Je me dévouais, tu te flattais, il s'employait ; je m'applaudissais, tu t'abstenais, il se mourait ; je me pourvoyais, tu t'asseyais, il se mouvait ; je me perdais, tu te vendais, il se corrompait : je payais, tu ployais, il priait ; je courais, tu souffrais, il cueillait ; je savais, tu prévoyais, il voulait ; je riais, tu croyais, il craignait.

PASSÉ DÉFINI DE L'INDICATIF.

353. Comment se termine le *passé défini?*

354. Donnez-en des exemples.

Le *passé défini* a quatre terminaisons : *ai, is, us, ins,* de cette manière :

J'aimais, tu aimas, il aima, nous aimâmes, vous aimâtes, ils aimèrent.

Je finis, tu finis, il finit, nous finîmes, vous finîtes ils finirent.

Je reçus, tu reçus, il reçut, nous reçûmes, vous reçûtes, ils reçurent.

Je devins, tu devins, il devint, nous devînmes, vous devîntes, ils devinrent.

FUTUR DE L'INDICATIF.

355. Comment se termine le *futur?*

356. Donnez-en des exemples.

Il se termine toujours ainsi : *rai, ras, ra, rons, rez, ront.*

J'aimerai. tu aimeras, il aimera, nous aimerons, vous aimerez, ils aimeront.

Je finirai, tu finiras, il finira, nous finirons, vous finirez, ils finiront.

Je recevrai, tu recevras, il recevra, nous recevrons, vous recevrez, ils recevront.

Je rendrai, tu rendras, il rendra, nous rendrons, vous rendrez, ils rendront (1).

59ᵉ EXERCICE. *Devoir à transcrire au pluriel.*

Passé défini de l'indicatif. Je tremblai, tu partis, il mourut; je tressaillis, tu voulus, il parvint; je partageai, tu revins, il rendit; j'allai, tu acquis, il sut; je mangeai, tu devins, il conçut; je pardonnai, tu prodiguas, il éteignit; j'entrepris, tu te souvins, il se repentit; je naviguai, tu plaidas, il saisit; je m'abstins, tu résolus, il se complut; je dînai, tu crus, il frémit.

Futur de l'indicatif. J'enverrai, tu paieras, il priera; je choisirai, tu béniras, il mourra; je concevrai, tu sauras, il pourra; je prendrai, tu liras, il moudra; je veillerai, tu viendras, il se mouvra; j'honorerai, tu vaincras, il combattra; je revêtirai, tu acquerras, il verra; je réfléchirai, tu y penseras, il accourra; je comprendrai, tu renaîtras, il influera; je louerai, tu agréeras, il remerciera.

---

(1) N'écrivez pas *je receverai, je renderai*; on ne met *e* devant *rai* qu'à la première conjugaison.

CONDITIONNEL PRÉSENT.

357. Comment se termine le *conditionnel présent?*

Il se termine toujours ainsi : *rais, rais, rait, rions, riez, raient.*

358. Donnez-en des exemples.

J'aimerais, tu aimerais, il aimerait, nous aimerions, vous aimeriez, ils aimeraient.

Je recevrais, tu recevrais, il recevrait, nous recevrions, vous recevriez, ils recevraient.

PRÉSENT DU SUBJONCTIF.

359. Comment se termine le *présent du subjonctif?*

Il se termine toujours par *e, es, e, ions, iez, ent.*

360. Donnez-en un exemple.

Que j'aime, que tu aimes, qu'il aime, que nous aimions, que vous aimiez, qu'ils aiment.

IMPARFAIT DU SUBJONCTIF.

361. Comment se termine l'*imparfait du subjonctif?*

Il a quatre terminaisons : *asse, isse, usse, insse,* de cette manière :

362. Donnez-en des exemples.

J'aimasse, tu aimasses, il aimât, nous aimassions, vous aimassiez, ils aimassent.

Je finisse, tu finisses, il finît, nous finissions, vous finissiez, ils finissent.

Je reçusse, tu reçusses, il reçût, nous reçussions, vous reçussiez, ils reçussent.

Je devinsse, tu devinsses, il devint, nous devinssions, vous devinssiez, ils devinssent.

363. Que remarquez-vous sur les secondes personnes plurielles des verbes ?

Remarquez que les secondes personnes plurielles des verbes ont ordinairement un *z* à la fin.

60° EXERCICE. *Devoir à transcrire au pluriel.*

Conditionnel présent. Je jouerais, tu communierais, il suppléerait ; je réussirais, tu nourrirais, il accomplirait ; je percevrais, tu vaudrais, il saurait ; j'entreprendrais, tu t'asseyerais, il s'abstiendrait.

Présent du subjonctif. Que j'emploie, que tu nettoies, qu'il appuie ; que je garnisse, que tu agisses, qu'il se rafraîchisse ; que je pourvoie, que tu voies, qu'il croie ; que je rie, que tu broies, qu'il apprenne.

Imparfait du subjonctif. Que j'avançasse, que tu punisses, qu'il vînt ; que je reçusse, que tu rendisses, qu'il courût ; que je crusse, que tu abrégeasses, qu'il essuyât ; que je cédasse, que tu vinsses, qu'il guérît.

Remarques sur l'orthographe des pronoms, adverbes et autres mots.

364. Quand *leur* est-il invariable?	*Leur* ne prend jamais *s* à la fin quand il est joint à un verbe : alors il signifie *à eux, à elles* : *ces enfants ont été sages, je leur donnerai un prix.*
365. Quand prend-il une *s*?	*Leur*, suivi d'un nom pluriel, prend une *s* ; alors il est adjectif possessif et signifie *d'eux, d'elles* ; *un père adore ses enfants, mais il n'aime pas leurs défauts.*
366. Écrit-on de la même manière *là*, adverbe, et *la*, article ou pronom?	On met un accent grave sur *là*, adverbe de lieu : *allez-là*; on n'en met point sur *la*, article : *la mère*, ni sur le pronom féminin *la* : *je la connais.*
367. *Où*, adverbe, et *ou*, conjonction, s'écrivent-ils de la même manière?	On met un accent grave sur *où*, adverbe de lieu : *où allez-vous?* on n'en met point sur *ou*, conjonction : *c'est vous ou moi.*
368. Dans quel cas le mot *a* prend il un accent grave?	On met un accent grave sur *à*, préposition : *je vais à Paris*; on n'en met point sur *a*, troisième personne du verbe *avoir* : *il a de l'esprit.*
369. *Dû*, participe du verbe *devoir*, et *du*, article, s'écrivent-ils de la même manière?	On met un accent circonflexe sur *dû*, participe du verbe *devoir* : *rendez à chacun ce qui lui est dû*; on n'en met point sur *du*, article : *la lumière du soleil.*

61ᵉ EXERCICE. *Faites les remarques ci-dessus.*

Dieu a dit à l'homme : Aide toi, je t'aiderai. Où la guêpe a passé le moucheron demeure. Sois sage, mon ami : ton avenir est là. Les matelots fumaient leurs pipes en silence ; le capitaine leur parla ainsi. La nécessité est la mère de l'industrie. Dieu frappe ici ou là, selon qu'il lui plaît. Ma tante a demeuré à Paris et à Lyon. Rendez à chacun ce qui lui est dû. Les grandes et belles pensées viennent du cœur. Les hirondelles donnent à manger à leurs petits en volant. Ces maîtres sont satisfaits de leurs élèves; ils leur ont accordé des récompenses. Aime la sagesse, aime-la et ne l'abandonne point. Où la chèvre est attachée, il faut qu'elle broute. Est-ce donc là, dit-il, ce qu'on m'avait promis ? Les Samoyèdes se nourrissent de chair et de poisson crus. On risque à trop parler ce qu'on gagne à se taire. Paul a dû partir samedi.

DE L'APOSTROPHE.

370. Que marque l'*apostrophe* ?

L'*apostrophe* (') marque le retranchement d'une des trois lettres *a*, *e*, *i*.

371. Dans quels mots *a* et *e* se retranchent-ils ?

A, *E*, suivis d'une voyelle ou d'une *h* muette, se retranchent dans *le*, *la*, *je*, *me*, *te*, *se*, *de*, *ne*, *que*, *ce*.

372. Donnez des mots où l'*e* de *le* soit retranché.

Le, on dit : *l'ami*, *l'enfant*, *l'institut*, *l'oiseau*, *l'univers*, *l'honneur*, pour *le enfant*, etc.

373. Donnez des exemples de la suppression de *a* dans *la*.

La, on dit : *l'abeille*, *l'épée*, *l'intention*, *l'oisiveté*, etc., pour *la abeille*, *la épée*, etc.

374. Citez des mots où l'*e* de *je* soit retranché ?

Je, on dit : *j'apprends*, *j'étudie*, *j'honore*, *j'oublie*, etc., pour *je apprends*, etc.

375. Citez-en où l'on écrive *m'*.

Me, on dit : *vous m'aimez*, *vous m'estimez*, *vous m'instruisez*, etc., pour *me aimez*, etc.

376. Donnez des exemples où l'on écrive *t'*.

Te, on dit : *je t'avertis*, *je t'ennuie*, *je t'invite*, etc., pour *te avertis*, etc.

377. Donnez-en où l'on écrive *s'*.

Se, on dit : *il s'amuse*, *il s'ennuie*, *il s'instruit*, *il s'occupe*, pour *se amuse*, etc.

378. Où l'on e-crive *d'*.

De, on dit : *beaucoup d'apparence*, *d'ignorance*, *d'orgueil*, pour *de apparence*, etc.

62ᵉ EXERCICE. *Faites les remarques ci-dessus.*

L'univers est l'ensemble de tout ce qui existe. L'ennui naquit au jour de l'uniformité. Le temps s'enfuit, l'éternité s'avance. L'année a quatre saisons : le printemps, l'été, l'automne et l'hiver. Beaucoup d'orgueil est souvent l'indice de beaucoup d'ignorance. Tu t'instruiras en lisant. Cette crainte maudite m'empêche de dormir. Ne t'attends qu'à toi seul; c'est un commun proverbe. Dieu fait bien ce qu'il fait. Deux pigeons s'aimaient d'amour tendre; l'un d'eux, s'ennuyant au logis, fut assez fou pour entreprendre un voyage en lointain pays. Devant l'Être éternel tous les peuples s'abaissent. Qu'on l'adore ce Dieu, qu'on l'invoque à jamais ! J'avais une marmotte; elle est morte de faim. L'amitié est un présent du ciel. J'oublie les injures; mais je n'oublie pas les bienfaits. Mon maître m'aime, il m'instruit, il m'honore de son amitié. Paul s'amuse, je l'engage à travailler, il ne m'écoute pas, il s'ennuiera bientôt.

379. Donnez des exemples où l'on écrive *n'*.

380. Où l'on écrive *qu'*.

381. Où l'on écrive *c'*.

382. Dans quels mots retranche-t-on encore quelquefois *e*?

383. Quand *quelque* perd-il l'*e*?

384. Dans quel cas *entre* perd-il l'*e*?

385. Devant quels mots *jusque* perd-il *e*?

386. Dans quel cas *i* se retranche-t-il dans *si*?

Ne, on dit : *je n'aime pas, je n'estime pas, il n'obéit pas,* pour *ne aime pas,* etc.

Que, on dit : *qu'avez-vous fait? qu'importe?* pour *que avez-vous fait?* etc.

Ce, on dit : *c'est la vérité,* pour *ce est la vérité.*

E se retranche aussi quelquefois à la fin des mots *quelque, entre, jusque.*

Quelque perd seulement *e* devant *un, autre : quelqu'un, quelqu'autre.*

Entre perd *e* dans *entr'acte,* et dans les verbes comme *entr'aider.*

Jusque perd *e* devant *à, au, aux, ici : jusqu'à Paris, jusqu'au ciel, jusqu'ici.*

I se retranche dans le mot *si,* devant *il, ils : s'il arrive, s'ils viennent.*

DU TRAIT D'UNION.

387. Où se place le *trait d'union*?

388. Donnez des exemples de l'emploi du trait d'union.

Le *trait d'union* (-) se place entre les verbes et *je, me, moi, toi, nous, vous, il, ils, elle, elles, le, la, les, lui, leur, y, en, ce, on,* quand ces mots sont placés après le verbe.

EXEMPLES. *Irai-je? viens-tu? donnez-lui? achèvera-t-il? viendra-t-elle? a-t-on fait? prenez-en;* etc.

63ᵉ EXERCICE. *Faites les remarques ci-dessus.*

Qui n'aime personne n'aime que soi. C'est Dieu qui du néant a tiré l'univers. Qu'ai-je dit? Qu'ai-je fait? Que puis-je faire encore? Il alla jusqu'à Rome implorer le sénat. Que vouliez-vous qu'il fît contre trois? — Qu'il mourût! Si quelqu'un te frappe à la joue droite, présente-lui aussi l'autre. Les hommes doivent s'entr'aider. On appelle *entr'acte* le temps qui s'écoule entre deux actes de la même pièce. Ton frère s'appliquerait s'il était raisonnable. St. Paul dit qu'il fut élevé, en corps ou en esprit, jusqu'au troisième ciel. S'ils y consentent, nous partirons. Est-ce assez, dites-moi? N'y suis-je point encore? Que faisiez-vous au temps chaud? dit-elle à cette emprunteuse. Corrigez-vous, dira quelque sage cervelle.— Eh! la peur se corrige-t-elle? Aide-toi, le ciel t'aidera. O Dieux hospitaliers! que vois-je ici paraître?

389. Où met-on encore le trait d'union ?	On met encore le trait d'union entre deux mots tellement joints ensemble qu'ils n'en font plus qu'un : *chef-d'œuvre, courte-pointe, avant-coureur.*

DU TRÉMA.

390. Qu'est-ce que le *tréma* ?	Le *tréma* (··). On appelle ainsi déux points placés sur les voyelles ë, ï, ü, quand ces lettres doivent être prononcées séparément de la voyelle qui précède, comme dans *poëte, naïf, Saül,* etc. (1).

DE LA CÉDILLE.

391. Qu'appelle-t-on *cédille* ?	La *cédille* (ç). On appelle ainsi une petite figure qu'on met sous le c devant *a, o, u,* pour avertir qu'il doit avoir le son de *s,* comme dans *façon, leçon, façade, reçu.*

DE LA PARENTHÈSE.

392. Qu'est-ce que la *parenthèse* ?	La *parenthèse.* On appelle ainsi deux crochets ( ), entre lesquels on renferme quelques mots détachés : *celui qui évite d'apprendre (dit le Sage) tombera dans le mal.*

64° EXERCICE. *Faites les remarques ci-dessus.*

Ne forçons point notre talent : nous ne ferions rien avec grâce. Ce que l'on conçoit bien s'énonce clairement (dit Boileau), et les mots, pour le dire, arrivent aisément. Moïse fut à la fois prophète et législateur. La naïveté du style n'exclut pas l'énergie. Un lièvre en son gîte songeait (car que faire en un gîte, a moins que l'on ne songe ?). La peste (puisqu'il faut l'appeler par son nom), faisait aux animaux la guerre. Saül fut le premier roi d'Israël. Reçoit-on un bienfait, qu'un bienfait y réponde. La paresse et l'oisiveté sont les avant-coureurs de la misère. Socrate fut condamné à boire la ciguë. Mon père fut emporté par une maladie aiguë. L'oiseau-mouche est un chef-d'œuvre de la nature. Esaü vendit son droit d'aînesse à son frère Jacob. Les paresseux savent rarement leurs leçons.

---

(1) On met le tréma sur l'e muet et non pas sur l'u des mots suivants : *aiguë, ambiguë. ciguë,* et quelques autres, afin qu'on ne les prononce point comme ceux-ci : *langue, harangue, fatigue,* etc.

DE LA PONCTUATION.

393. Combien y a-t-il de signes de ponctuation ?

Il y a six marques pour indiquer en écrivant les endroits du discours où l'on doit s'arrêter.

394. Quels sont ces signes ?

Ces six marques sont : la *virgule*, le *point-virgule*, les *deux points*, le *point*, le *point interrogatif*, et le *point d'admiration*.

395. Où se met la virgule ?

1° La *virgule* (,) se met après les noms, les adjectifs, les verbes qui se suivent.

396. Donnez des exemples.

EXEMPLES. *La candeur, la docilité, la simplicité, sont les vertus de l'enfance.*

La charité est douce, patiente, bienveillante.

397. A quoi sert encore la virgule ?

La virgule sert encore à distinguer les différentes parties d'une phrase.

398. Donnez-en un exemple.

EXEMPLE. *L'étude rend savant, et la réflexion rend sage.*

399. Où se place le point-virgule ?

2° Le *point-virgule* (;) se met entre deux phrases dont l'une dépend de l'autre.

400. Citez-en un exemple.

EXEMPLE. *La douceur est, à la vérité, une vertu; mais elle ne doit pas dégénérer en faiblesse.*

401. Où se mettent les deux points ?

3° Les *deux points* (:) se mettent après une phrase finie, mais suivie d'une autre qui sert à l'étendre ou à l'éclaircir.

65ᵉ EXERCICE. *Remarquez l'emploi de la virgule et du point-virgule.*

Dieu a créé le ciel, la terre, le soleil, la lune, les étoiles, les animaux et les plantes. Le Français est gai, poli, spirituel, actif, vaillant, généreux, magnanime ; il a l'imagination vive, ardente, parfois frivole et enjouée. Le cœur, l'esprit, les mœurs, tout gagne à la culture. Dans un chemin montant, sablonneux, malaisé, et de tous les côtés au soleil exposé, six forts chevaux tiraient un coche. Femmes, moines, vieillards, tout était descendu : l'attelage suait, soufflait, était rendu. L'étude chasse l'ennui, distrait le chagrin, étourdit la douleur, elle anime et peuple la solitude. Aidons-nous mutuellement, la charge des malheurs en sera plus légère ; le bien que l'on fait à son frère pour le mal que l'on souffre est un soulagement. Le temps, qui change tout, change aussi nos humeurs : chaque âge a ses plaisirs, son esprit et ses mœurs.

402. Donnez-un exemple de l'emploi des deux points?

403. Où se place le *point?*

404. Où se met le *point interrogatif?*

405. Où place-t-on le *point d'admiration?*

406. N'emploie-t-on pas d'autres signes de ponctuation?

407. Quand emploie-t-on les *points de suspension?*

408. Où se placent les *guillemets?*

409. Qu'indique le *tiret?*

EXEMPLE. *Il ne faut jamais se moquer des misérables : car qui peut s'assurer d'être toujours heureux?*

4° Le *point* (.) se met à la fin des phrases quand le sens est entièrement fini : *Le mensonge est le plus bas de tous les vices.*

5° Le *point interrogatif* (?) se met à la fin des phrases qui expriment une interrogation : *Quoi de plus beau que la vertu ?*

6° Le *point d'admiration* (!) se met après les phrases qui expriment l'admiration : *Qu'il est doux de servir le Seigneur !*

Outre ces signes de ponctuation, on emploie encore les *points de suspension*, les *guillemets* et le *tiret*.

Les *points de suspension* (...) s'emploient lorsqu'il y a réticence, interruption dans le sens : *Nous vous... Mais attendons.*

Les *guillemets* (« ») se placent au commencement et à la fin d'une citation : « *Le ciel, dit-il, m'arrache une innocente vie.* »

Le *tiret* (—) indique le changement d'interlocuteur : *Jouis. — Je le ferai. — Mais quand donc ? — Dès demain.*

66° EXERCICE. *Remarquez l'emploi des deux points, du point, du point interrogatif, du point d'admiration, des points de suspension, des guillemets et du tiret.*

Rien n'est plus beau que le vrai : le vrai seul est aimable. J'ai faim : vous qui passez, daignez me secourir. Voyez : la neige tombe, et la terre est glacée. J'ai froid : le vent se lève et l'heure est avancée, et je n'ai rien pour me couvrir. Qu'il est doux, dans les cieux, le réveil des fidèles ! Qu'avec ravissement, autour de Dieu pressés, ils unissent au son des harpes immortelles, les hymnes de l'amour ici-bas commencés ! Grande reine, est-ce ici votre place ? Quel trouble vous agite, et quel effroi vous glace? Parmi vos ennemis que venez-vous chercher? De ce temple profane osez-vous approcher? En Europe ! en Europe ! — Espérez ! — Plus d'espoir !... — « Trois jours, leur dit Colomb, et je vous donne un monde. » Et son doigt le montrait, et son œil, pour le voir, perçait de l'horizon l'immensité profonde. Es-tu né sans aïeux? suis l'exemple d'Horace : ajoute à tes vertus ce qui manque à ta race.

ANALYSE GRAMMATICALE.

1. Que signifie le mot *analyse* ?

Le mot *analyse* signifie *décomposition*.

2. Qu'est-ce que l'*analyse grammaticale* ?

L'*Analyse grammaticale* est la décomposition d'une phrase en autant de parties qu'elle a de mots, dans le but d'en faire connaître la *nature*, l'*espèce*, les *accidents* et la *fonction*.

3. Qu'est-ce que faire connaître la *nature* d'un mot ?

Faire connaître la *nature* d'un mot, c'est dire à quelle partie du discours il appartient, s'il est *nom*, *article*, *adjectif*, etc.

4. Qu'est-ce que faire connaître l'*espèce* ?

Faire connaître l'*espèce* d'un mot, c'est dire, s'il est nom *commun* ou nom *propre*, adjectif *qualificatif* ou adjectif *numéral*, etc.

5. Qu'est-ce que faire connaître les *accidents* ?

Faire connaître les *accidents* d'un mot, c'est indiquer, pour le nom, l'article et l'adjectif, le *genre* et le *nombre*; pour les pronoms, le *genre*, le *nombre* et la *personne*; pour les verbes, le *nombre*, la *personne*, le *mode* et le *temps*,

6. Qu'est-ce que faire connaître la *fonction* d'un mot ?

Enfin, faire connaître la *fonction* d'un mot, c'est dire s'il *détermine*, s'il *qualifie* ou s'il *modifie*; s'il est *sujet*, *complément*, *attribut*, mis en *apostrophe* ou en *apposition*.

---

1. — MODÈLE D'ANALYSE DU NOM.

Mon cheval. Ta voiture. Léopold. Les hommes. Les Pyrénées.

Cheval	Nom commun, masculin singulier.
Voiture	Nom commun, féminin singulier.
Léopold	Nom propre, masculin singulier.
Hommes	Nom commun, masculin pluriel.
Pyrénées	Nom propre, féminin pluriel.

2. — MODÈLE D'ANALYSE DE L'ARTICLE.

Le roi. La table. Les champs. L'habit. L'épée. Du héros. Des fleurs. Au soleil. Aux enfants.

Le	Article, masc. sing., détermine *roi*.
La	Article, fémin. sing., détermine *table*.
Les	Article, masc. plur., détermine *champs*.
L', pour *le*	Article, masc. sing., détermine *habit*.
L', pour *la*	Article, fémin. sing., détermine *épée*,
Du, pour *de le* . . .	Article, masc. sing., détermine *héros*.
Des, pour *de les* . .	Article, fémin. sing., détermine *fleurs*.
Au, pour *à le* . . .	Article, masc. sing., détermine *soleil*.
Aux, pour *à les* . . .	Article, masc. plur., détermine *enfants*.

7. Quels sont les mots qui *détermi-nent ?*	Les mots qui *déterminent* sont l'*article* et les *adjectifs déterminatifs* : ils déterminent le nom : LE *cheval*, UNE *voiture*, MON *chapeau*, CES *livres*, TEL *enfant*.
8. Quels sont ceux qui *qualifient?*	Les mots qui *qualifient* sont les *adjectifs qualificatifs* et les *participes* : ils qualifient le nom ou le pronom : *Paul est un* BON *élève; il est* LABORIEUX, DOCILE *et* APPLIQUÉ.
9. Quels sont ceux qui *modifient?*	Les mots qui *modifient* sont l'*adverbe* et les *locutions adverbiales* : ils modifient le verbe, l'adjectif ou l'adverbe : *écrire* LENTEMENT, *être* TRÈS-*sage*, *répondre* FORT *mal*, *marcher* A RECULONS.
10. Quels sont les mots qui peuvent être *sujets, complé ments ou attributs?*	Les mots qui peuvent être *sujets, complé-ments* ou *attributs*, sont le *nom*, le *pronom* et le *verbe à l'infinitif*.
11. Quand le nom, le pronom et l'infinitif sont-ils employés comme *sujets?*	Le nom, le pronom et l'infinitif sont employés comme *sujets* lorsqu'ils désignent la personne ou la chose qui est ou qui agit : l'ENFANT *pleure*, IL *souffre;* DONNER *est doux.*
12. Quand sont-ils employés comme *compléments?*	Ils sont employés comme *compléments* lorsqu'ils achèvent, qu'ils complètent l'idée commencée par un autre mot : *la maison de mon* PÈRE, *celle du* VÔTRE, *utile à* TOUS, *aller à* ROME, *béni de* DIEU, *aimer à* LIRE.
13. Quels sont les mots qui peuvent être *complé-tés?*	Les mots qui peuvent être *complétés* sont le *nom*, l'*adjectif qualificatif*, le *pronom*, le *verbe* et le *participe* : TABLE *de marbre*, AGRÉABLE *à lire*, CHACUN *de nous*, AIMER *la gloire*, CHÉRI *du ciel.*

---

3. — MODÈLE D'ANALYSE DE L'ADJECTIF.

Enfant sage. Deux amis. Cette page. Tes devoirs. Chaque élève.

Sage.........	Adj. qualif., masc. sing., qualifie *enfant.*
Deux........	Adj. num. card. masc. plur., détermine *amis.*
Cette........	Adj. démonstr., fémin. sing., détermine *page.*
Tes..........	Adj. possess., masc. plur., détermine *devoirs.*
Chaque......	Adj. indéf., masc. sing., détermine *élève.*

4. — MODÈLE D'ANALYSE DU PRONOM.

Nous. Celui. La sienne. Lequel. Les autres.

Nous.........	Pron. pers., 1re pers. du pluriel.
Celui........	Pron. démonstr., masc. sing.
La sienne.....	Pron. possess., fémin. sing.
Lequel.......	Pron. relatif, masculin singulier.
Les autres.....	Pron. indéfini, masculin pluriel.

14. Quels sont les mots qui peuvent avoir des *compléments directs?*

Les mots qui peuvent avoir des *compléments directs* sont : le *verbe actif* et le *participe* de ce verbe : HONOREZ *le mérite.*

15. Y a-t-il des verbes qui puissent avoir les deux sortes de compléments ?

Le *verbe actif* et le *participe* de ce verbe peuvent avoir à la fois des *compléments directs* et des *compléments indirects : aimez* DIEU *de tout votre* CŒUR.

16. Quels sont ceux qui ne peuvent avoir que des compléments indirects?

Les mots qui ne peuvent avoir que des *compléments indirects* sont : le *nom,* l'*adjectif qualificatif* et le *pronom :* CHAPEAU *de paille,* ARDENT *au jeu,* QUELQU'UN *de vous.*

17. Quand le nom, le pronom et l'infinitif sont-ils employés comme *attributs?*

Le nom, le pronom et l'infinitif sont employés comme *attributs* lorsqu'ils expriment la manière d'être du sujet : *Dieu est notre* PÈRE, *ce livre est* LE MIEN.

18. Quels sont les mots qui peuvent être mis en *apostrophe?*

Les mots qui peuvent être mis en *apostrophe* sont le nom et le pronom.

19. Quand le nom et le pronom sont-ils mis en *apostrophe?*

Le nom et le pronom sont mis en *apostrophe* lorsqu'ils désignent la personne à laquelle on adresse la parole : JULES, *viens ici;* TOI, *ne bouge pas.*

20. Quel est le mot qui peut être mis en *apposition?*

Le mot qui peut être mis en *apposition* est le *nom.*

21. Quand le nom est-il mis en *apposition ?*

Le nom est mis en *apposition* lorsqu'étant placé après un autre nom il n'exprime avec ce nom qu'une seule et même personne, une seule et même chose : *le roi* JOSEPH.

---

5. — MODÈLE D'ANALYSE DU VERBE.

Le soleil paraît, il nous éclaire; le ciel se couvre, il est couvert ; l'air est humide, il pleut.

Paraît . . . Verb. neut., au prés. de l'ind., 3ᵉ pers. du sing., 4ᵉ conj.
Éclaire . . . Verb. act., au prés. de l'ind., 3ᵉ pers. du sing., 1ʳᵉ conj.
Se couvre . . Verb. réfléchi, au prés. de l'ind., 3ᵉ p rs. du sing., 2ᵉ conj.
Est couvert. Verb. passif, au prés. de l'ind. 3ᵉ per. du sing., 2ᵉ conjug.
Pleut. . . . Verb. imp., au prés. de l'ind., 3ᵉ pers. du sing., 3ᵉ conj.

6. — MODÈLE D'ANALYSE DU PARTICIPE (1).

La mer mugissant avec force ressemblait à une personne irritée. L'hirondelle mange en volant.

Mugissant. Part. prés. du verbe *mugir,* qualifie *mer.*
Irritée . . . Part. passé du v. *irriter,* fémin. sing., qualifie *personne.*
Volant. . . Part. prés. du verb. *voler,* compl. ind. de *mange.*

---

(1) Le participe passé employé avec un auxiliaire ne s'analyse pas séparément.

Difficultés d'application.

MOTS EMPLOYÉS ACCIDENTELLEMENT COMME NOMS.

22. Quand l'*adjectif* est-il employé comme nom ?

L'*adjectif* est employé comme nom lorsqu'il désigne une personne ou une chose : *le* SAGE *est toujours satisfait; le* VRAI *seul est aimable.*

On analyse :

sage, adj. qual., empl. comme nom, masc. sing., sujet de *est.*

vrai, adj. qual., empl. comme nom, masc. sing., sujet de *est.*

23. Quand l'*adverbe* est-il employé comme nom ?

L'*adverbe* est employé comme nom lorsqu'il désigne des personnes ou des choses : BEAUCOUP *se trompent, le* MIEUX *est l'ennemi du bien.*

On analyse :

beaucoup, adv. empl. comme nom, sujet de *trompe.*

mieux, adv. empl. comme nom, sujet de *est.*

bien, adv. empl. comme nom, compl. ind. de *ennemi.*

24. Donnez un exemple où une *proposition* tout entière figure comme complément direct.

Une *proposition* tout entière peut remplir accidentellement la fonction d'un nom, et figurer dans une phrase comme complément direct : *Le méchant croit* QUE TOUS LES HOMMES LUI RESSEMBLENT. *Que tous les hommes lui ressemblent* est le complément direct de *croit.*

---

7. — MODÈLE D'ANALYSE DE L'ADVERBE ET DES LOCUT. ADVERB.

Le temps passe rapidement. Paul est très-riche. Ton frère écrit fort mal. J'en suis bien étonné. Il va à reculons.

Rapidement. . Adverbe, modifie *passe.*
Très. . . . . . Adverbe, modifie *riche.*
Fort. . . . . . Adverbe, modifie *mal.*
Bien. . . . . . Adverbe, modifie *étonné.*
A reculons . . Locution adverbiale, modifie *va.*

8. — MODÈLE D'ANALYSE DE LA PRÉPOS. ET DES LOCUT. PRÉP.

L'ennui est entré dans le monde par la paresse. On aime la violette des champs à cause de son parfum.

Dans . . . Préposition, unit *entré* et *monde.*
Par . . . . Préposition, unit *entré* et *paresse.*
A cause de. Locution prépositive, unit *aime* et *parfum.*

FIGURES DE GRAMMAIRE.

25. Qu'appelle-t-on *figures*, en grammaire ?

On appelle *figures*, en grammaire, certaines manières de parler qui s'écartent des règles ordinaires.

26. Quelles sont ces figures ?

Ces figures sont : la *syllepse*, l'*ellipse*, le *pléonasme* et l'*inversion*.

27. Qu'est-ce que la *syllepse* ?

La *syllepse* fait accorder un mot, non avec celui auquel il se rapporte grammaticalement, mais avec un autre qui frappe plus l'esprit : *La plupart des hommes* REDOUTENT *la mort*. On analyse :
redoutent, v. act., au pr. de l'ind., 3ᵉ p. du plur. 1ʳᵉ conj. s'accordant par syllepse avec *hommes*.

28. Qu'est-ce que l'*ellipse* ?

L'*ellipse* retranche certains mots sans nuire au sens et à la clarté : *tout passe comme un songe* (passe). On analyse :
songe, nom com., masc. sing., sujet de *passe* sous-entendu.

29. Qu'est-ce que le *pléonasme* ?

Le *pléonasme*, au contraire, accumule des mots que l'on pourrait supprimer; mais qui donnent de la force, de l'énergie à l'expression : *Eh! que me fait,* A MOI, *celle Troie où je cours ?* On analyse :
moi, pr. pers. de la 1ʳᵉ per. du sing., compl. ind. de *fait* par pléonasme.

30. Qu'est-ce que l'*inversion* ?

L'*inversion* change l'ordre naturel des mots, comme dans : *l'univers est un temple où siége* L'ÉTERNEL (pour *où l'Éternel siége*). Cette figure n'offre pas de difficultés sérieuses d'analyse.

---

9. — MODÈLE D'ANALYSE DE LA CONJONCT. ET DES LOCUT. CONJ.

Obéis, si tu veux qu'on t'obéisse un jour. Travaillons pendant qu'il est jour. Sois attentif lorsqu'on te parle.

Si . . . . Conjonction, unit *obéis* à *tu veux*.
Qu' . . . . Conjonction, unit *tu veux* à *on t'obéisse*.
Pendant que . Locution conjonctive, unit *travaillons* à *il est jour*.
Lorsque . . . . Conjonction, unit *sois attentif* à *on te parle*.

10. — MODÈLE D'ANALYSE DE L'INTERJ. ET DES LOCUT. INTERJ.

Ah! qui me rendra ma chaumière? Hé quoi! vous n'avez pas de passe-temps plus doux! Oh! que de la vertu les charmes sont puissants! Eh bien! de nos malheurs êtes-vous convaincus?

Ah! . . . . Interjection, marque la peine.
Hé quoi! . . Locution interjective, marque l'étonnement.
Oh! . . . . . . Interjection, marque l'admiration.
Eh bien! . . Locution interjective, sert à interroger.

GALLICISMES.

31. Qu'entend-on par *gallicismes ?*	On entend par *gallicismes* certaines manières de parler particulières à la langue française.
32. Combien y a-t-il de sortes de gallicismes ?	Il y a deux sortes de gallicismes : les gallicismes de *mots* et les gallicismes de *construction*.
33. En quoi consistent les gallicismes de *mots ?*	Les *gallicismes de mots* consistent dans une acception détournée du sens naturel des mots, comme quand on dit : *ce prédicateur est fort* COURU, pour *est fort suivi* ; *cette femme* A L'AIR *en colère*, pour *paraît être en colère*, etc.
34. En quoi consistent les gallicismes de *construction ?*	Les *gallicismes de construction* consistent dans un arrangement des mots entre eux contrairement aux règles de la grammaire.

Voici quelques-uns de ces gallicismes, avec la manière de les analyser :

Il m'en veut . . . . *En*, pr. pers., 3ᵉ per. du sing.; par gallicisme, comp. ind. de *veut.*

Il ne fait que de sortir. . . . . *Ne que*, loc. adv., modifie *sortir; de*, prépos., employée par gallicisme.

Ce sont eux . . . . *Sont*, verbe subst. au prés. de l'ind., au pluriel **par** gallicisme.

Il faut se taire . . *Il*, suj. appar. de *faut; taire*, sujet réel de *faut*. **Tous** les verbes impersonnels présentent des gallicism.

Il pleut . . . . . . *Pleut*, verbe imp. dont le suj. réel n'est pas exprimé.

---

11. — MODÈLE D'ANALYSE DU SUJET, DU COMPLÉMENT ET DE L'ATTRIBUT.

Dieu est le créateur du ciel et de la terre. Nous tenons tout de sa bonté.

Dieu . . . . Nom propre, masculin singulier, sujet de *est.*
Créateur. . Nom commun, masc. sing., attribut de *Dieu.*
Ciel . . . . Nom commun, masc. sing., compl. ind. de *créateur.*
Terre . . . Nom commun, fémin. sing., compl. ind. de *créateur.*
Nous . . . Pronom pers., 1ʳᵉ pers. du plur., sujet de *tenons.*
Tout. . . . Pronom indéfini, masc. sing., compl. dir. de *tenons.*
Bonté . . . Nom commun, fémin. sing., compl. ind. de *tenons.*

12. — MODÈLE D'ANALYSE DES MOTS EN APOSTROPHE ET EN APPOSITION.

O Richard ! ô mon roi ! l'univers t'abandonne.
Holà ! madame la belette, que l'on deloge sans trompette.

Richard. . . Nom propre, masc. sing., mis en apostrophe.
Roi . . . . . Nom commun, masc. sing., mis en apostrophe.
Madame . . Nom commun, fémin. sing., mis en apostrophe.
Belette . . . Nom commun, fémin. sing., mis en apposition.

EXERCICES SUPPLÉMENTAIRES

D'ANALYSE ET D'ORTHOGRAPHE.

TEXTES A ANALYSER.

1. Sujet exprimé par un nom, par un pronom ou par un verbe à l'infinitif.

Dieu est puissant. Nous méditons. Vous avez étudié. Travailler fortifie. Le plomb est lourd. Le ciel est bleu. Ils écriront. Tu reviendras. J'aurai fini. Ton livre est vert, le mien est bleu. Tout réussit. Quelqu'un paraît. Étudier est agréable. On applaudit. Les uns sont bons, les autres sont mauvais. Trop parler nuit. L'homme invente, dispose, exécute.

2. Complément direct exprimé par un nom, par un pronom ou par un verbe à l'infinitif.

Nous aimons Dieu. Vous haïssez le mal. Le soleil nous éclaire, il nous réchauffe. Nous récompensons les élèves studieux ; nous les encourageons souvent. Tu dois aimer la vertu et haïr le vice. Vaincre ses passions est glorieux. La religion élève l'âme, l'impiété l'avilit. Une seule imprudence peut détruire notre avenir. Dieu créa le ciel, la terre, les animaux et les plantes.

3. Complément indirect des noms, des pronoms et des adjectifs.

Le spectacle de l'univers, l'éclat du soleil, la régularité des saisons, la prodigieuse variété des plantes et des animaux, toutes ces merveilles annoncent l'existence d'un Dieu. Le bonheur de l'honnête homme est paisible; celui du méchant est agité. L'homme sage est content de son sort. Chacun de nous sera jugé. Le travail est nécessaire à l'homme. Les devoirs de vos élèves ne sont pas comparables à ceux des nôtres.

4. Compléments indirects des verbes exprimés par un nom, par un pronom ou par un verbe à l'infinitif.

Napoléon naquit à Ajaccio, il mourut à Ste-Hélène. Nous convenons aux uns, nous déplaisons aux autres. Dieu nous a créés pour l'aimer et pour le servir. Nous naissons dans les pleurs, nous vivons dans les craintes, et nous mourons dans les regrets. Paul vient de Paris, il va à Rome, il reviendra par Bordeaux; il voyage pour son instruction. Dieu accorde à tous la nourriture et le vêtement.

5. Pronoms employés tantôt comme compléments directs, tantôt comme compléments indirects.

Je me corrige. Je me nuis. Tu te trompes. Tu te déplais. Il se flatte. Il le pardonne. Nous nous adressâmes au roi. Vous vous proposâtes une affaire. Ils se prépareront à l'examen. Ils s'adresseront réciproquement les questions du programme. Ils se sont juré une amitié éternelle. Je me suis coupé le doigt. Tu t'es lavé le visage. Il se dispose à partir. Nous nous écrirons souvent. Vous vous réservez une poire pour la soif.

6. *Exercice sur l'analyse des pronoms relatifs.*

Celui qui donne aux pauvres prête à Dieu, qui lui rendra son bienfait. Le spectacle que nous préférons est celui des heureux que nous avons faits. A quoi sert la fortune sans la santé ? Le succès sur lequel nous comptons le plus, est rarement celui que nous obtenons. Nous n'aimons pas toujours les personnes dont nous admirons les talents. Celui-là est riche, qui sait se passer de ce dont il n'a pas besoin.

7. *Complément direct précédé d'une préposition.*

Ernest a du mérite. Auguste a de l'esprit. Jules a de la fortune. Prends du pain et des noix. Faites du bien à celui qui vous fait du mal. Cet élève cherche à mériter mon estime et à gagner mon affection. Dieu nous ordonne de secourir les malheureux. La plupart des élèves ne craignent pas de faire de la peine à leurs maîtres. La religion nous apprend à aimer Dieu et à faire du bien aux hommes.

8. *Attribut exprimé par un nom, par un pronom ou par un verbe à l'infinitif.*

Le soleil est le flambeau du monde. Chacun a son lot : le travail est le nôtre. Secourir les veuves et les orphelins, c'est pratiquer la religion. Espérer est jouir. La reconnaissance est la mémoire du cœur. Le secret d'ennuyer est celui de tout dire. Un frère est un ami donné par la nature. Craindre Dieu et garder ses commandements est le tout de l'homme. Protéger les méchants est faire tort aux bons.

9. *Adjectif employé comme nom.*

Le sage est toujours satisfait. Le vrai seul est aimable. L'utile est préférable à l'agréable. Le blanc est le symbole de l'innocence. Le riche et le pauvre sont égaux devant Dieu. Le savant est toujours riche, l'ignorant est toujours pauvre. Le paresseux dit : Je n'ai pas la force. Le méchant est haï de tous. Le juste vivra par la foi. Dieu fait pleuvoir sur les justes et sur les injustes.

10. *Adverbe employé comme sujet et comme complément.*

Beaucoup de vanité annonce beaucoup de sottise. Peu d'enfants aiment l'étude. On doit se méfier de trop de politesse. J'ai vu bien des choses depuis que je suis au monde. Beaucoup de personnes ont plus de mérite que de fortune. On a peu d'amis quand on a peu de biens. Trop de timidité empêche de réussir. Cet élève a fait beaucoup de progrès. Tant de bonheur doit faire des jaloux.

11. *Complément direct exprimé par une proposition tout entière.*

Pascal a dit : L'homme est un roseau, mais c'est un roseau pensant. Le méchant croit que tous les hommes lui ressemblent. Le jeune Samuel répondit : Parle, Seigneur, ton serviteur écoute. Les anciens croyaient que la terre était immobile. Vos parents désirent que vous vous appliquiez. La reine Blanche disait à son fils : J'aimerais mieux vous voir mort que de vous voir coupable d'un seul péché mortel.

12. *Exercice* sur *que*, conjonction, sur *que*, pronom relatif, sur *que* mis pour *combien*, adverbe pris substantivement, sur *ne... que* mis pour *seulement*, locution adverbiale.

Notre maître exige que nous écrivions, ou que nous étudiions nos leçons, mais il ne veut pas que nous restions sans rien faire. Les louanges que le cœur donne sont celles que la bonté s'attire. Que de jours ne perdons-nous pas à ne rien faire ! L'égoïste n'aime que soi. Que de remparts détruits ! Que de villes forcées ! Que de moissons de gloire en courant amassées ! En mourant nous ne faisons que changer de vie.

13. *Mots en apostrophe ou en apposition.*

Mon Dieu, donne l'onde aux fontaines. Vous qui passez, daignez me secourir. L'empereur Charles-Quint fit célébrer ses funérailles avant de mourir. Madame de Sévigné a écrit des lettres charmantes. Bénissons Dieu, mon âme, en toute chose. Dunkerque est la patrie du marin Jean-Bart. L'amiral Coligny, chef du parti protestant, fut assassiné la nuit de la Saint-Barthélemy. Toi dont le courroux veut engloutir la terre, mer terrible, en ton lit quelle main te resserre ?

14. *Inversion du sujet et de l'attribut.*

Heureux sont les rois que chérissent leurs peuples. Bienheureux sont ceux qui procurent la paix ; car ils seront appelés enfants de Dieu. Mon fils, aime Dieu de tout ton cœur : telles furent les dernières paroles de St-Louis. Le passé est un abîme où se précipitent le présent et l'avenir. Au tumulte du jour succède le calme de la nuit. Déjà prenait l'essor vers les montagnes cet aigle dont le vol avait effrayé nos provinces.

15. *Inversion des compléments.*

Tout annonce d'un Dieu l'éternelle existence. La terre à son pouvoir rend un muet hommage. A raconter ses maux souvent on les soulage. Celui qui met un frein à la fureur des flots, sait aussi des méchants arrêter les complots. Des moments les heures sont nées. Du méchant la fortune est quelquefois prospère. D'un service attendu la flatteuse espérance, fait porter à l'excès les soins, la complaisance.

16. *Exercice d'analyse sur la syllepse.*

La plupart des hommes redoutent la mort. La moitié des enfants meurent avant d'avoir atteint leur vingtième année. Une troupe de nymphes suivaient son char. La plupart, emportés d'une fougue insensée toujours loin du droit sens vont chercher leur pensée. Beaucoup donnent des conseils, mais peu veulent en recevoir. Nous, Maire de la commune de... faisons savoir que, etc. Une foule de pauvres demandent des secours.

17. *Exercice d'analyse sur l'ellipse.*

(*Celui*) Qui veut aller loin doit ménager sa monture. Le temps passe comme un songe (*passe*). La mort est aussi naturelle que la vie (*est naturelle*). Nous nous pardonnons tout, et (*nous ne pardonnons*) rien aux autres hommes. Ainsi dit le renard, et flatteurs (*s'empressèrent*) d'applaudir. Le Rhône va (*pour*) se jeter dans la Méditerranée. Dieu fit pleuvoir (*pendant*) quarante jours et (*pendant*) quarante nuits sans interruption.

18. *Exercice d'analyse sur le pléonasme.*

Moi, je trahirais un ami! Eh ! que me fait, à moi, cette Troie, où je cours ? Le bel oiseau se fait lui-même. Aimer Dieu et garder ses commandements, c'est le tout de l'homme. Il nous déteste, nous qui avons tout fait pour lui. Je l'ai vu de mes yeux, je l'ai entendu de mes oreilles. Moi, des tanches ! dit-il. Moi, héron ! que je fasse une si pauvre chère ! Eh ! pour qui me prend on ? Pénélope et moi, qui suis son fils, nous avons perdu l'espoir de revoir Ulysse.

19. *Exercice sur les gallicismes de construction.*

Les hypocrites en veulent à ceux qui les démasquent. Ce charlatan en impose à la multitude. C'est aux circonstances que beaucoup d'hommes doivent leur fortune. Il n'est pas toujours bon d'avoir un haut emploi. Il ne faut pas dire : fontaine, je ne boirai pas de ton eau. Il est un Dieu. Cet élève ne fait que de causer. Le maître va venir bientôt. Il ne fait que de sortir. Quoique la santé soit le plus précieux des biens, nous ne laissons pas de la prodiguer.

20. *Exercices de récapitulation.*

> Un enfant s'admirait monté sur une table;
> Je suis grand, disait-il. Quelqu'un lui répondit :
> Descendez, vous serez petit.
> Quel est l'enfant de cette fable ?
> Le riche qui s'enorgueillit.

———

> La renoncule un jour dans un bouquet,
> Avec l'œillet se trouva réunie :
> Elle eut le lendemain le parfum de l'œillet.
> On ne peut que gagner en bonne compagnie.

———

> Sur les cornes d'un bœuf revenant du labeur
> Une fourmi s'etait nichée.
> D'où viens tu, lui cria sa sœur,
> Et que fais-tu si haut perchee ?
> — D'où je viens ? Peux-tu l'ignorer !
> Nous venons de labourer.

———

> Un jour tombe et se brise un mauvais violon :
>   On le ramasse, on le recolle,
>   Et de mauvais il devient bon.
> L'adversité souvent est une heureuse école.

DICTÉES.

1. *Dictée à transcrire au pluriel.*

L'ÉCUREUIL. (Les Écureuils).

L'écureuil est un joli petit animal qui n'est qu'à demi sauvage, et qui, par sa gentillesse, par sa docilité, par l'innocence de ses mœurs, mériterait d'être épargné; il n'est ni carnassier, ni nuisible, quoiqu'il saisisse quelquefois les oiseaux ; il mange ordinairement des fruits, de la faîne et du gland : il est propre, leste, vif, très-éveillé, très-industrieux ; il a les yeux pleins de feu, la physionomie fine, le corps nerveux, les membres très-dispos ; sa jolie figure est encore rehaussée par une belle queue en forme de panache, qu'il relève jusque par-dessus sa tête, et sous laquelle il se tient à l'ombre.

2. *Dictée à transcrire au singulier.*

LES OISEAUX-MOUCHES. (L'Oiseau-Mouche).

Rien n'égale la vivacité de ces petits oiseaux, si ce n'est leur courage, ou plutôt leur audace. On les voit poursuivre avec furie des oiseaux vingt fois plus gros qu'eux, s'attacher à leur corps, et, se laissant emporter par leur vol, les becqueter à coups redoublés jusqu'à ce qu'ils aient assouvi leur petite colère. L'impatience paraît être leur âme : s'ils s'approchent d'une fleur et qu'ils la trouvent fanée, ils lui arrachent les pétales avec une précipitation qui marque leur dépit. Ils n'ont d'autre voix qu'un petit cri fréquent et répété, qu'ils font entendre dans les bois dès l'aurore.

3. *Dictée à transcrire au pluriel.*

LE CHAMEAU. (Les Chameaux).

Le chameau a environ deux mètres de hauteur jusqu'aux épaules ; il est plus puissant que le dromadaire, en proportion de sa taille ; il a les jambes moins longues ; son corps est recouvert d'un poil brun ou cendré. Il a la tête droite, les oreilles petites, le cou long et flexible. Ses pieds sont plats, unis, durs et peu fendus, ce qui le rend propre à traverser les déserts sablonneux où il est employé. Cet animal boit pour plusieurs jours à la fois ; il se contente, pour toute nourriture, de quelques dattes ou des plantes qu'il trouve dans sa route aride.

4. *Dictée à transcrire au singulier.*

LES CHEVAUX ARABES. (Le Cheval arabe).

Les chevaux arabes sont, en général, d'une constitution délicate, mais ils s'accoutument cependant avec facilité aux fatigues des longues marches. Ils sont prompts, actifs, d'une vitesse surprenante, et presque toujours exempts de difformités apparentes. Ils sont si doux et si dociles, qu'ils peuvent être soignés par les enfants, avec lesquels ils dorment sous la même tente, surtout quand ils sont jeunes. Jusqu'à l'âge de quatre ans, on ne leur met ni selle, ni fers ; ils sont communément nourris avec du lait de chameau, et peuvent supporter la soif plusieurs jours de suite.

5. *Dictée à transcrire au pluriel.*

LE MOINEAU. (Les Moineaux).

Dans quelque contrée que le moineau habite, on ne le trouve jamais dans un lieu désert, ni même dans ceux qui sont éloignés du séjour de l'homme. Le moineau est, comme le rat, attaché à nos habitations : il ne se plaît ni dans les bois ni dans la vaste campagne. Il suit la société pour vivre à ses dépens. Comme il est paresseux et gourmand, il prend sa subsistance sur des provisions toutes faites : le grenier, la basse-cour, le colombier, sont les lieux qu'il fréquente de préférence.

6. *Dictée à transcrire au singulier.*

LES CHIENS DE TERRE-NEUVE. (Le Chien de Terre-Neuve).

Les chiens de Terre-Neuve sont de haute taille, fortement constitués avec des formes élancées, de sorte qu'ils sont très-vigoureux et très-légers. Leur tête est un peu volumineuse ; d'ailleurs, elle n'a rien de lourd ; leur regard est plein d'intelligence et de douceur. Leur poil, généralement long et touffu, est d'une finesse et d'une douceur remarquables ; il est assez épais pour les protéger efficacement du froid, et pas assez long pour se charger de la boue des marais, qu'ils ont souvent à traverser dans les pays qu'ils habitent.

7. *Dictée à transcrire au pluriel.*

L'OURS. (Les Ours).

L'ours est non-seulement sauvage, mais solitaire ; il fuit par instinct toute société ; il s'éloigne des lieux où les hommes ont accès ; il ne se trouve à son aise que dans les endroits qui appartiennent encore à la vieille nature : une caverne antique dans les rochers inaccessibles, une grotte formée par le temps dans le tronc d'un vieux arbre, au milieu d'une épaisse forêt, lui servent de domicile ; il s'y retire seul, y passe une partie de l'hiver, sans provisions, sans en sortir pendant plusieurs semaines.

8. *Dictée à transcrire au singulier.*

LES FAUVETTES. (La Fauvette).

Ces jolis oiseaux arrivent au moment où les arbres développent leurs feuilles et commencent à laisser épanouir leurs fleurs ; ils se dispersent dans toute l'étendue de nos campagnes ; les unes viennent habiter nos jardins, d'autres préfèrent les avenues et les bosquets. Plusieurs espèces s'enfoncent dans les grands bois, et quelques-unes se cachent au milieu des roseaux. Ainsi les fauvettes remplissent tous les lieux de la terre, et les animent par leurs mouvements et les accents de leur tendre gaieté.

9. *Dictée à transcrire au pluriel.*

LE LOUP. (Les Loups).

Le loup est naturellement grossier et poltron; mais il devient ingé-
nieux par besoin, et hardi par nécessité; pressé par la famine, il brave
le danger, vient attaquer les animaux qui sont sous la garde de l'homme,
ceux surtout qu'il peut emporter aisément comme les agneaux, les
petits chiens, les chevreaux; et, lorsque cette maraude lui réussit, il
revient souvent à la charge, jusqu'à ce qu'ayant été blessé ou chassé,
il se recèle pendant le jour dans son fort, n'en sort que la nuit et rode
autour des habitations pour ravir les animaux abandonnés.

10. *Dictée à transcrire au singulier.*

LES RENARDS. (Le Renard).

Les renards sont fameux par leurs ruses, et méritent en partie leur
réputation ; ce que les loups ne font que par la force, ils le font par
adresse, et réussissent plus souvent. Fins autant que circonspects, in-
génieux et prudents, même jusqu'à la patience, ils varient leur conduite, ils ont des moyens de réserve qu'ils savent n'employer qu'à
propos. Ils veillent de près à leur conservation; ils savent se mettre en
sûreté en se pratiquant un asile où ils se retirent pendant les dangers
pressants, où ils s'établissent et où ils élèvent leurs petits.

11. *Dictée à transcrire au pluriel.*

LA CHÈVRE. (Les Chèvres).

La chèvre a, de sa nature, plus de sentiment et de ressource que la
brebis; elle vient à l'homme volontiers, elle se familiarise aisément,
elle est sensible aux caresses et capable d'attachement; elle est aussi
plus forte, plus légère, plus docile et moins timide que la brebis; elle
est vive, capricieuse et vagabonde. Elle aime à s'écarter dans les soli-
tudes, à grimper sur les lieux escarpés, à se placer, et même à dormir,
sur la pointe des rochers et sur le bord des précipices. Ce n'est qu'avec
peine qu'on la conduit, et qu'on peut la réduire en troupeau.

12. *Dictée à transcrire au singulier.*

LE PIGEON. (Les Pigeons).

Les pigeons ne sont réellement ni domestiques comme les chiens
et les chevaux, ni prisonniers comme les poules; ce sont plutôt des
captifs volontaires, des hôtes fugitifs, qui ne se tiennent dans le loge-
ment qu'on leur offre qu'autant qu'ils s'y plaisent, autant qu'ils y
trouvent la nourriture abondante, le gîte agréable, et toutes les com-
modités, toutes les aisances nécessaires à la vie. Pour peu que quelque
chose leur manque ou leur déplaise, ils le quittent et se dispersent
pour aller ailleurs : il y en a même qui préfèrent constamment les trous
poudreux des vieilles murailles aux boulins les plus propres de nos
colombiers.

13. *Fable à apprendre par cœur et à reproduire de mémoire.*

L'ARAIGNÉE ET LE VER A SOIE.

L'araignée en ces mots raillait le ver à soie :
Bon Dieu! que de lenteur dans tout ce que tu fais !
Vois combien peu de temps j'emploie
A tapisser un mur d'innombrables filets.
— Soit, répondit le ver; mais ta toile est fragile,
Et puis à quoi sert-elle ? A rien.
Pour moi, mon travail est utile ;
Si je fais peu, je le fais bien.

14. *Fable à apprendre par cœur et à reproduire de mémoire.*

LE TORRENT ET LE RUISSEAU.

Un torrent furieux, dans sa course rapide,
Insultait un ruisseau timide
Dont l'onde arrosait un verger.
Va, lui dit le ruisseau, sois fier de l'avantage
D'offrir à chaque pas quelque nouveau danger.
Je serais bien fâché d'avoir pour mon partage
L'honneur cruel que tu poursuis :
Tu t'annonces par le ravage,
Moi par les biens que je produis.

15. *Fable à apprendre par cœur et à reproduire de mémoire.*

JUPITER ET MINOS.

Mon fils, disait un jour Jupiter à Minos (1),
Toi qui juges la race humaine,
Explique-moi pourquoi l'enfer suffit à peine
Aux nombreux criminels que t'envoie Atropos (2).
Quel est de la vertu le fatal adversaire
Qui corrompt à ce point la faible humanité?
C'est, je crois, l'intérêt. — L'intérêt? Non, mon père.
— Et qu'est-ce donc ? — L'oisiveté.

FIN.

---

(1) *Minos*, juge des enfers. — (2) *Atropos*, l'une des trois parques, divinités fabuleuses qui présidaient à la vie età la mort des humains.

www.ingramcontent.com/pod-product-compliance
Ingram Content Group UK Ltd.
Pitfield, Milton Keynes, MK11 3LW, UK
UKHW051843140726
13696UKWH00007B/1157